キャリア教育に活きる！

仕事ファイル

センパイに聞く

31 水の仕事

天然水商品開発
水質検査員
浴室商品開発
ラフティングインストラクター
下水道施設職員
温泉施工管理

小峰書店

小峰書店 編集部 編著

31 水の仕事

Contents

キャリア教育に活きる！ **仕事ファイル**

※この本に掲載《けいさい》している情報《じょうほう》は、2021年4月現在《げんざい》のものです。

File No.175

天然水商品開発

Natural Mineral Water Products Development

サントリー
高山真宣《たかやままさのぶ》さん
入社7年目 28歳《さい》

天然水のおいしさを活かした、人々に愛されるドリンクをつくります

飲み物を選ぶとき、私たちはそのときの気分にあったものを無意識《むいしき》のうちに探《さが》して飲んでいます。この「無意識《むいしき》」の行動を解明《かいめい》し、『サントリー天然水《てんねんすい》』を使ったドリンクの商品開発を行っている、高山真宣《たかやままさのぶ》さんにお話をうかがいました。

Q 天然水商品開発とはどんな仕事ですか？

ぼくが働いているサントリーでは『サントリー天然水《てんねんすい》』という、ナチュラルミネラルウォーターを製造販売《せいぞうはんばい》しています。ナチュラルミネラルウォーターとは、長い時間をかけて地中にふくまれるミネラル※がとけこんだ地下水を、きれいにろ過《か》して加熱殺菌《かねつさっきん》した天然水のことです。サントリーでは４か所の水源《すいげん》を所有し、人間の体にとって欠かせないミネラルが豊富《ほうふ》な天然水をくみ上げています。

ぼくの仕事は、この天然水に果汁《かじゅう》などを少し加えて風味をつけた「フレーバーウォーター」の新商品を開発することです。開発のリーダーとして、ドリンクをつくるメンバーや、商品のパッケージをデザインするメンバーなどといっしょに議論《ぎろん》しながら商品をつくり上げていきます。

商品開発はまず、世の中の流れを読《よ》み解《と》きながら、人々の悩《なや》みや問題を、ドリンクによってどう解決《かいけつ》するか考えることから始まります。例えば「みずみずしい果実味を感じるフレーバーウォーターが、リフレッシュしたいという人の解《かい》決《けつ》になるのでは」と考えたとします。そうしたら、ドリンクをつくるメンバーと、果物《くだもの》は何を使うか、味は酸味《さんみ》と甘《あま》みのどちらを強くするかなどを話し合います。天然水のよさを活かすため、加える果実の品質《ひんしつ》にもこだわって探《さが》すことも大切です。試作をくりかえし、イメージ通りのものができたら、次は工場に連絡《れんらく》して生産するための調整を行います。

一方、パッケージを考えるメンバーとは、どんなデザインにすれば、商品の特徴《とくちょう》や商品にこめた思いが伝わるかを話し合います。果物《くだもの》のみずみずしさやすっきりとした飲《の》み心地《ごこち》が特徴《とくちょう》なら、とれたての果物《くだもの》の写真や、さわやかな色合いを選んで、どんな味か見た人がわかるようにデザインしてもらうのです。

このほか、商品の魅力《みりょく》を、お客さんにどのように伝えるか考えるのもぼくの大切な仕事です。宣伝《せんでん》を担当《たんとう》するメンバーといっしょに、より効果的《こうかてき》な方法を考え、実行しています。

商品の開発にかかる期間は８～９か月。そのため、春夏に向けた商品と秋冬に向けた商品の開発が重なる時期はとくにいそがしくなる。

Q どんなところがやりがいなのですか？

ひとつの商品ができあがるまでには、８～９か月かかります。長い時間をかけて、開発チームのメンバーとつくり上げたものが発売されたときの達成感は格別《かくべつ》です。また、街中で自分が開発したフレーバーウォーターを飲んでいる人を見かけると、とてもうれしくなります。こうした達成感や喜《よろこ》びを日常的《にちじょうてき》に感じられることが、この仕事のやりがいです。

ほとんどの人は、そのときの気分によって「何となく」ドリンクを選んで買っているといわれています。この「何となく」にかくされた理由を自分なりに考え、商品にするのがぼくの仕事です。人の心を読《よ》み解《と》くという難問《なんもん》に挑戦《ちょうせん》する、とてもやりがいのある仕事だと思います。

高山《たかやま》さんが商品開発を担当《たんとう》したフレーバーウォーターの『朝《あさ》摘《づ》みオレンジ＆サントリー天然水《てんねんすい》』。ごくごく飲めるように、甘《あま》みの加減《かげん》にこだわった。

高山《たかやま》さんのある1日

08:30 出社。メールのチェックをする
▼
10:00 新商品のキャンペーン内容《ないよう》を資料《しりょう》にまとめる
▼
10:30 キャンペーンの具体的な内容《ないよう》を、広告代理店《こうこくだいりてん》の人と打ち合わせ
▼
12:00 ランチ
▼
13:00 開発チームミーティング。開発中の商品の進み具合を全員で確認《かくにん》する
▼
15:00 社内の広報担当者《こうほうたんとうしゃ》と新商品の宣伝方法《せんでんほうほう》について打ち合わせ
▼
16:30 開発チームミーティングで出たアイデアを資料《しりょう》にまとめる
▼
18:30 退社《たいしゃ》

用語　※ ミネラル ⇒ 筋肉《きんにく》や骨《ほね》のもととなる、体の組織《そしき》を構成《こうせい》するために必要な栄養素《えいようそ》。カルシウム、リン、カリウム、マグネシウムなどがある。

Q 仕事をする上で、大事にしていることは何ですか？

開発チームのリーダーとして、メンバーが取り組みやすい雰囲気《ふんいき》をつくることです。みんなが自分の力を発揮《はっき》できるように、商品のテーマを考えたり、ヒントになるような事例を用意したりして、アイデアを出しやすい環境《かんきょう》を整えています。

また、人はどんなときにどんなものを飲みたくなるのか考え、その気持ちに応《こた》えられるような商品に仕上げることも大事にしています。ぼくの仕事は「ものを売る仕事」ではなく「人の気持ちを考える仕事」だと思っています。つらいときに安らぎを感じられたり、気分が明るくなったりするような、飲む人の気持ちに寄《よ》りそったものにすることを忘《わす》れないようにしています。

会社のなかにある自《じ》動販売機《どうはんばいき》で、商品を選ぶ高山《たかやま》さん。買った後は、なぜこれを選んだのか考えるようにしている。

Q なぜこの仕事を目指したのですか？

大学時代、47都道府県の水道水をペットボトルの飲料にして販売《はんばい》し、売り上げ金で、水不足に悩《なや》む海外の国に井戸をつくるチャリティイベントに参加したことがありました。販売員《はんばいいん》として働きながら、ぼくのこの行動がだれかのためになるのだと思えることに喜《よろこ》びを感じ、将来《しょうらい》は、多くの人の日常《にちじょう》を、明るく豊《ゆた》かにできる仕事がしたいと思うようになりました。

就職活動《しゅうしょくかつどう》が始まり、さまざまな会社を見てまわるなかで、サントリーで働く同じ大学出身の先輩《せんぱい》に話を聞く機会がありました。その先輩《せんぱい》は、とても生き生きとした表情《ひょうじょう》で仕事への思いを語ってくれました。ぼくはサントリーに興味《きょうみ》をもち、仕事の内容《ないよう》や会社の雰囲気《ふんいき》などをたくさん調べました。そして、ここなら人々の日常《にちじょう》を豊《ゆた》かにするお手伝いができるのではないかと思うようになり、入社を決めました。

Q 今までにどんな仕事をしましたか？

入社してから半年間は、営業《えいぎょう》の仕事をまかされました。サントリーの商品を置いてくれているお店を毎日のようにまわり、商品を棚《たな》に並《なら》べたり、新しい商品の説明をしたりしました。お店によって買いに来るお客さんの年齢《ねんれい》がちがうことや、売れる商品がちがうこと、また、お客さんが買いに来る時間帯やどんな商品といっしょに買っているのかといった、さまざまなことを知ることができました。

その後は、緑茶飲料の『伊右衛門《いえもん》』ブランド※の新商品開発や改良を担当《たんとう》することになりました。初めて行ったのは、冬に出す『ホット伊右衛門《いえもん》』の改良です。それまで以上に香りを引き立たせ、急須《きゅうす》でいれるお茶を飲むのに近い味わいを目指しました。たくさん悩《なや》みながら、開発チームのメンバーとアイデアを出し合い、ようやくつくることができた商品だったので、店頭に並《なら》んだのを見たときは、達成感とうれしさで鳥肌《とりはだ》が立ったのを覚えています。

それから1年後、今の『サントリー天然水《てんねんすい》』のフレーバーウォーターを担当《たんとう》することになり、現在《げんざい》にいたっています。

ノートとスケジュール帳

スクラップブック

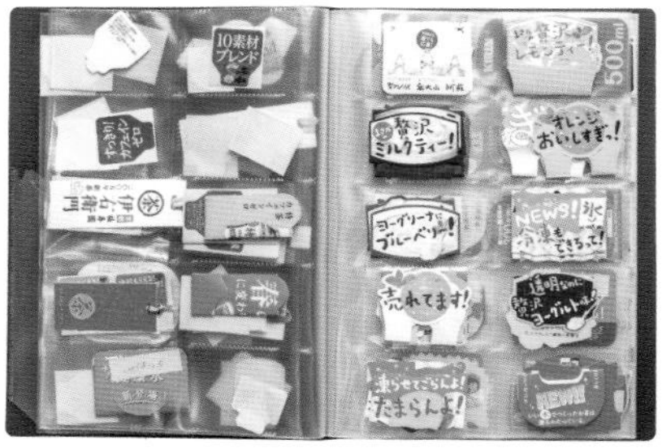

PICKUP ITEM

ノートには、思いついたアイデアや、忘《わす》れてはいけないことなどを何でもメモ。スケジュール帳には、その日の予定や、キャンペーンの開始時期などを書き入れている。商品パッケージを考えるときの参考用に、これまでに発売された商品のロゴやパッケージは切り取ってスクラップブックに保存《ほぞん》している。

用語 ※ ブランド ⇒商品やサービス、またはそれを提供《ていきょう》する企業《きぎょう》を区別するための名称《めいしょう》や記号などのこと。

Q 仕事をする上で、難《むずか》しいと感じる部分はどこですか？

開発チームがよいと思った商品が、多くの人に求められる商品になったかは、発売してみないとわかりません。そこがこの仕事の難《むずか》しいところです。商品を開発するときは、実際《じっさい》にお客さんに話を聞きに行ったり、販売中《はんばいちゅう》の商品の反応《はんのう》を見て想像《そうぞう》したりしてつくります。しかし、本当に正しくお客さんの気持ちを理解《りかい》できているのか、いつも悩《なや》みます。責任《せきにん》の重い仕事ですが、その分挑戦《ちょうせん》のしがいもあります。

このほか、自分の頭にあるイメージを言葉にするのも難《むずか》しいです。例えば「快適《かいてき》に飲めるドリンク」といった言葉では相手には意図がはっきり伝わりません。「水のような感覚で、すいすい飲めるドリンク」など、具体的な言葉で伝えることが大切なのです。言葉にしづらい感覚を表現《ひょうげん》するのはとても難《むずか》しく、いまだに勉強中です。

はなれた場所にいるメンバーと、パソコンのビデオ通話機能《つうわきのう》を使って打ち合わせをする高山《たかやま》さん。直接《ちょくせつ》会って話す打ち合わせもたくさんあり、多い日には15分刻《きざ》みで、予定を組むこともある。

Q ふだんの生活で気をつけていることはありますか？

いろいろな会社のドリンクをあえて買って飲むようにしています。自分たちのつくった商品だけ見ていては気づけない発見があると思うからです。また、お菓子《かし》や日用品などを買ったときも、自分がなぜそれを選んだのか理由を考えるようにし、消費者《しょうひしゃ》の行動を読《よ》み解《と》くヒントにしています。

いろいろな商品を飲み、気がついたことがあればすぐにノートに記す。

Q これからどんな仕事をしていきたいですか？

お茶といえばサントリーの『伊右衛門《いえもん》』、ミネラルウォーターといえばサントリーの『天然水《てんねんすい》』というように、会社を代表するような新しいブランドをつくりたいです。サントリーには伊右衛門《いえもん》や天然水のほかにも、世間の人に愛されているブランドがたくさんあります。しかし、お客さんの気持ちをもっと細かく分析《ぶんせき》していけば、新しい需要《じゅよう》を見つけられると思っています。年齢《ねんれい》を問わず、老若男女《ろうにゃくなんにょ》すべてのお客さんに喜《よろこ》んでもらえるようなものを提供《ていきょう》するために、視野《しや》を広げて挑戦《ちょうせん》していきたいです。

天然水の商品開発者になるには……

商品開発の仕事は、世間が求めているものを的確《てきかく》にとらえ、どのように売り出すか考える力をみがかなければいけません。そのため、経済学部《けいざいがくぶ》や経営学部《けいえいがくぶ》、社会学部など、商品の流通やマーケティングについて学べる学部に進むとよいでしょう。また、栄養学や行動心理学などについて書かれた本を読み、基礎的《きそてき》な知識《ちしき》を学んでおくと、商品開発者になったときに活かせるでしょう。

高校

↓

大学

↓

天然水を使った飲料水をつくるメーカーに就職《しゅうしょく》

※ この本では、大学に短期大学もふくめています。

Q この仕事をするにはどんな力が必要ですか？

あきらめず、粘《ねば》り強《づよ》く取り組む力です。ひとつの商品に取り組んでいると「これで本当によいのだろうか」と、途中《とちゅう》で悩《なや》むことが出てきます。しかし、お客さんの喜《よろこ》ぶ姿《すがた》を想像《そうぞう》し、最後まであきらめずに続けることが大切です。

また、謙虚《けんきょ》な姿勢《しせい》も必要です。ぼくはリーダーとして開発チームの中心にいますが、決してえらいわけではありません。メンバーそれぞれの仕事を理解《りかい》し、意見を尊重《そんちょう》することが大事だと思っています。

「そのときできることを、最大限《さいだいげん》の力で行い、壁《かべ》に何度ぶつかってものりこえるしぶとさが、商品開発の仕事には必要です」

高山《たかやま》さんの夢《ゆめ》ルート

小学校 ▶ プロサッカー選手

地元のサッカーチームに入っていた。

▼

中学校・高校 ▶ 教師《きょうし》

生徒と真正面から向き合うサッカー部の先生の姿《すがた》にかっこよさを感じた。

▼

大学 ▶ とくになし

附属《ふぞく》の大学に進むことになり、もっとも興味《きょうみ》のある法学部を選んだが法律関連《ほうりつかんれん》の仕事に就《つ》きたいわけではなかった。

Q 中学生のときどんな子どもでしたか？

中学生時代をふりかえると、当時からチームを組んでみんなで何かを生み出すことが好きだったなと思います。よく覚えているのが、みんなでおどった運動会のマスゲームです。ぼくの学校では、中学１年生から３年生まで、縦割《たてわ》りで各学年ひとクラスずつがチームとなり、マスゲームを行うのが恒例《こうれい》でした。ぼくは３年生のときに、チームリーダーをつとめることになり、みんなをまとめることになりました。各学年のリーダーを集めて、どうしたら全体がきれいに見えるマスゲームになるか、みんなで一生懸命《いっしょうけんめい》に考え、ふりつけをしました。何もないところからひとつのものをつくることにおもしろさを感じたのは、このときが最初だったのではないかと思います。みんなでがんばったかいがあり、ぼくのチームは優勝《ゆうしょう》し最高の思い出になりました。

また、ぼくは幼稚園《ようちえん》のころに始めたサッカーを続けていたため、部活もサッカー部を選び、毎日サッカーの練習ばかりしていました。とくに、中学２年生の秋にキャプテンに選ばれてからは、一段《いちだん》と熱が入りました。休みの日もスポーツ用具店に行ってサッカー用のスパイクシューズを見たり、練習メニューを考えたりしていました。

ただ、そんななかでも塾《じゅく》には通っていたので、それなりに勉強もしていました。テスト前の週末は、塾《じゅく》の自習室で勉強するのが定番でしたね。

サッカー部で着ていたユニフォーム。大会ではチームを優勝《ゆうしょう》に導《みちび》くなど、キャプテンとしての手腕《しゅわん》を発揮《はっき》した。

勉強は通っていた塾《じゅく》の自習室や、図書館でやっていたという高山《たかやま》さん。「人の目があるところだと、なまけずに勉強できたんです」

Q 中学のときの職場体験《しょくばたいけん》はどこに行きましたか？

中学２年のときに、スーパーマーケットと老人ホームで２日間ずつ職場体験《しょくばたいけん》をしました。複数《ふくすう》の候補《こうほ》から希望の体験先を選び、スーパーにはふたりで、老人ホームは10人以上で訪《おとず》れた記憶《きおく》があります。

スーパーでは、品出しや清掃《せいそう》をお手伝いしました。一方、老人ホームでは、紙芝居《かみしばい》を自分たちでつくって披露《ひろう》したり、リハビリのお手伝いをしたりしました。

Q 職場体験《しょくばたいけん》ではどんな印象《いんしょう》をもちましたか？

スーパーでは、平日の昼間でもお客さんがたくさん来ることと、食べ物や飲み物の種類がたくさんあることに、とてもおどろきましたね。老人ホームでは、利用者のお年寄《としよ》りから「ありがとう」や「がんばっているね」と声をかけられ、すごくうれしい気持ちになりました。だれかの役に立っているということに誇《ほこ》らしさを感じたんだと思います。

「仕事をする」という初めての経験《けいけん》に緊張《きんちょう》していたのか、後になってこのときの話を両親としたら、どちらの体験後もぼくは帰るとすぐに寝《ね》てしまったそうです。あまり覚えていないのですが、たぶんそのくらい疲《つか》れたのだと思います。

Q この仕事を目指すなら今、何をすればいいですか？

お店で何かを買ったとき、なぜそれを選んだのか考えるとよいと思います。さらに「どんなときに、どんな気持ちで、どんなことを期待して買ったのか」を言葉で表現《ひょうげん》するくせをつけておくと、新しい商品を考えるとき役に立ちます。

また、自分が熱中できることに一生懸命《いっしょうけんめい》に取り組んでください。スポーツでも勉強でもゲームでも何でもよいと思います。一生懸命《いっしょうけんめい》やればやるほど、本当のおもしろさや難《むずか》しさに気づきます。壁《かべ》にぶつかったときも、たくさん考え、たくさん練習や工夫をしてあきらめないでください。その経験《けいけん》が、みなさんの自信になると思います。

ー 今できること ー

ふだんの暮《く》らし

新しい商品をつくるには、今どんな商品が売られているのか知っておくことが必要です。スーパーなどへ買い物に行ったら、まずは飲み物が並《なら》ぶ棚《たな》を見るようにしましょう。例えば「水」だけでもさまざまな種類の商品があることに気づくはずです。また、何種類か買って飲《の》み比《くら》べてみるとよいでしょう。そして味のちがいをノートにまとめることをおすすめします。その際《さい》は、具体的な言葉を使って味のちがいを表現《ひょうげん》し、だれが見てもわかるように意識《いしき》して書くことも大切です。

国語

さまざまな文章にふれ、自分の意見を相手に正しく伝える表現力《ひょうげんりょく》を身につけましょう。また語彙力《ごいりょく》を増《ふ》やし、同じ事柄《ことがら》を別の言葉でも伝えられるようになりましょう。

社会

価格《かかく》の変動に注目するなど、身近な消費生活《しょうひせいかつ》から経済《けいざい》の仕組みを学びましょう。また世間をにぎわすニュースが、経済《けいざい》にあたえる影響《えいきょう》についても考えましょう。

数学

商品開発では、材料費《ざいりょうひ》の計算や、工場で商品を大量に生産するための予算の計算などをしなければいけません。基本的《きほんてき》な数字のあつかいに慣《な》れておきましょう。

家庭科

栄養素《えいようそ》の種類や食品の特徴《とくちょう》について学び、目的に合った調理方法と食事が果たす役割《やくわり》を理解《りかい》しましょう。

File No.176

水質検査員《すいしつけんさいん》

Water Quality Inspector

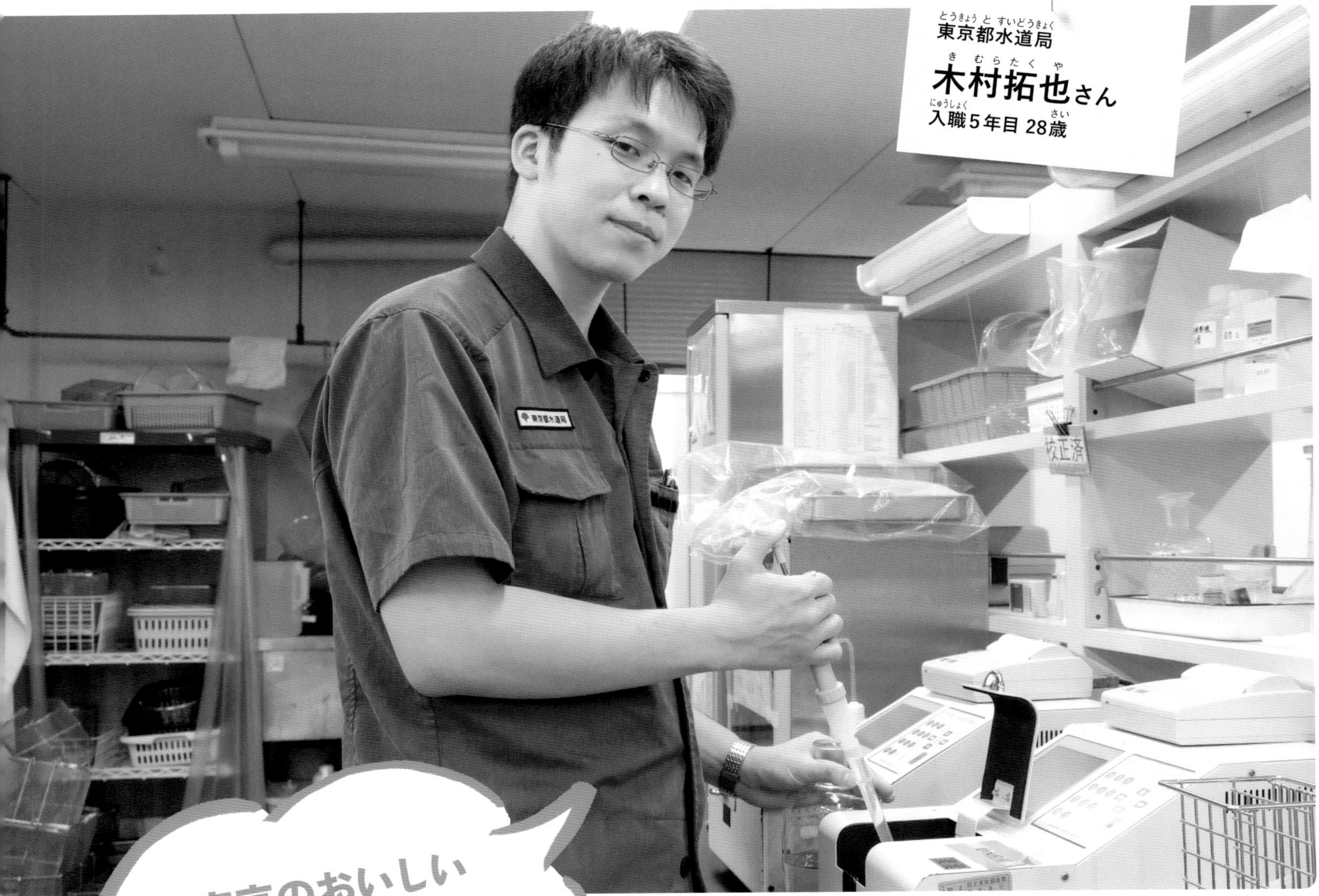

東京都水道局《とうきょうとすいどうきょく》
木村拓也《きむらたくや》さん
入職《にゅうしょく》5年目 28歳《さい》

東京のおいしい
水道水はぼくたち
水質《すいしつ》センターが
守ります！

日本では蛇口《じゃぐち》をひねると、いつでも当たり前のようにきれいな水道水が出ます。安全に飲むことができる水を届《とど》けるには、水質《すいしつ》の検査《けんさ》と管理が欠かせません。東京都水道局《とうきょうとすいどうきょく》で水道水質検査員《すいどうすいしつけんさいん》として働いている、木村拓也《きむらたくや》さんにお話を聞きました。

Q 水質検査員《すいしつけんさいん》とは どんな仕事ですか？

水質検査員《すいしつけんさいん》の仕事は、水にどんな成分がふくまれているか調べて測定《そくてい》することです。ぼくは、水質検査員《すいしつけんさいん》として東京都民に水道水を供給《きょうきゅう》する東京都水道局《とうきょうとすいどうきょく》の水質《すいしつ》センターで働いています。水質《すいしつ》センターは、みなさんが安全でおいしい水を飲めるように水を検査《けんさ》して成分を調べ、水道水をきれいな状態《じょうたい》に保《たも》つための施設《しせつ》です。

水道水のもとになるのはダムや川の水です。川の水には土や砂《すな》などのにごりのほかに、多くの細菌《さいきん》がふくまれています。そのため「塩素《えんそ》」という薬品を使って、きれいな水にします。

ぼくのおもな役割《やくわり》は、この塩素《えんそ》の量を管理することです。川の水を安心して飲むことができる水にするには、どのくらいの量の塩素《えんそ》を使えばよいか、水質《すいしつ》に合わせて決めます。検査機《けんさき》を使って水質《すいしつ》を調べ、結果を見ながらちょうどよい塩素量《えんそりょう》を割《わ》り出《だ》すのです。ちょうどよい量というのは、水がきちんと消毒《しょうどく》され、なおかつ、塩素《えんそ》の味やにおいが気にならない量のことです。水にふくまれている塩素《えんそ》は残留塩素《ざんりゅうえんそ》と呼《よ》ばれます。残留塩素《ざんりゅうえんそ》は、少なすぎると殺菌作用《さっきんさよう》が不十分となり、各家庭に届《とど》くまでに細菌《さいきん》が増《ふ》えてしまうおそれがあります。反対に、多すぎると味やにおいが悪くなり「まずい水」になってしまいます。そのため、残留塩素《ざんりゅうえんそ》の濃度《のうど》を適切《てきせつ》に調整するのは、とても大事な仕事です。

安心して飲める状態《じょうたい》になった水は、水道管を通って各家庭に供給《きょうきゅう》されます。しかし、蛇口《じゃぐち》に届《とど》くまでの間に、成分が変化してしまうかもしれません。そのため、東京都では蛇口《じゃぐち》の水を24時間、自動で分析《ぶんせき》する「自動水質計器《じどうすいしつけいき》」という検《けん》査機《さき》を都内の百数十か所に設置《せっち》しています。検査機《けんさき》から水《すい》質《しつ》センターに送られてくるデータを毎日確認《かくにん》するのもぼくの仕事です。

そのほか、都民から「水のにおいがおかしい」や「蛇口《じゃぐち》から黒いものが出てきた」などの問い合わせがあったとき、すぐにその水道水の水質《すいしつ》を検査《けんさ》するのもぼくの役割《やくわり》です。

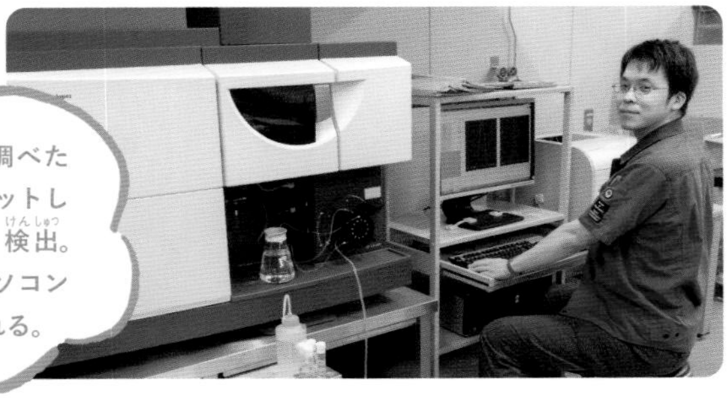

検査機《けんさき》に調べたい水をセットして成分を検出《けんしゅつ》。結果はパソコンに表示《ひょうじ》される。

Q どんなところが やりがいなのですか？

暮《く》らしに必要不可欠《ひつようふかけつ》な水道水の水質《すいしつ》を管理することで、人々の生活を守っていると感じられるところです。

東京都水道局《とうきょうとすいどうきょく》では、最先端《さいせんたん》の設備《せつび》による高度浄水処理《こうどじょうすいしょり》を行っています。これによっていやなにおいや細菌《さいきん》をほぼ除去《じょきょ》することができるため、以前より塩素《えんそ》を使わずに、より安全でおいしい水を届《とど》けることができるようになりました。「水道水、いつも飲んでいますよ」と言われるのは、東京都水道《とうきょうとすいどう》局《きょく》で働くぼくにとって、最大のほめ言葉です。

塩素《えんそ》に反応《はんのう》する薬品を使って水道水の残《ざん》留塩素《りゅうえんそ》を確認《かくにん》。ピンク色に変色しているのは、塩素《えんそ》によってきちんと消毒《しょうどく》されている証拠《しょうこ》。

木村《きむら》さんのある1日

08：30　出勤《しゅっきん》。メールのチェックをする

▼

09：00　自動水質計器《じどうすいしつけいき》による分析結果《ぶんせきけっか》の確認《かくにん》。前日からの残留塩素《ざんりゅうえんそ》の濃度《のうど》の変化と、変化の原因《げんいん》を考える

▼

10：00　今後の塩素量《えんそりょう》についてほかの水質検査員《すいしつけんさいん》と打ち合わせ

▼

11：00　都民から依頼《いらい》のあった水道水の水質《すいしつ》の検査《けんさ》を行う

▼

12：00　ランチ

▼

13：00　蛇口《じゃぐち》の水の定期検査《ていきけんさ》。自動水質計器《じどうすいしつけいき》の設置場所《せっちばしょ》に行き、蛇口《じゃぐち》の水を採取《さいしゅ》して持ち帰り、自動では測《はか》りきれない成分の計測《けいそく》を行う

▼

17：30　退勤《たいきん》

Q 仕事をする上で、大事にしていることは何ですか？

検査機《けんさき》や、自動水質計器《じどうすいしつけいき》による検査結果《けんさけっか》には、水にふくまれる成分の量が示《しめ》されるので、その数値《すうち》のわずかな変動を見逃《みのが》さないことです。

例えば、雨が降《ふ》った後や台風後の川の水には、よごれが多くふくまれているので、ふだん通りの塩素量《えんそりょう》では消毒《しょうどく》の効果《こうか》がうすくなってしまいます。また、雨や台風などはなかったのに、なぜか水質《すいしつ》が変わっていることもあります。

毎日変わる水質《すいしつ》をしっかりと検査《けんさ》し、柔軟《じゅうなん》に対応《たいおう》していくことが大切なのです。

設置《せっち》されている自《じ》動水質計器《どうすいしつけいき》。水ににごりが発生していないかなども、監視《かんし》している。

Q なぜこの仕事を目指したのですか？

高校や大学時代の集団生活《しゅうだんせいかつ》を通じて、ぼくは自分が主役になるよりも、仲間を陰《かげ》で支《ささ》える方が力を発揮《はっき》できると感じていました。そのため、将来《しょうらい》の仕事は人々の生活を支《ささ》える公務員《こうむいん》が合っているのではないかと思っていました。

また、ぼくは中学生のころから、化学の実験が好きで、結果を分析《ぶんせき》することが得意《とくい》でした。この両方に当てはまる仕事を探《さが》したところ、水質検査《すいしつけんさ》という職業《しょくぎょう》を知り、興味《きょうみ》がわきました。そこで各都道府県の水道局について調べてみると、東京都水道局《とうきょうとすいどうきょく》は、最先端《さいせんたん》の設備《せつび》による高度な浄水処理《じょうすいしょり》を行っていることがわかりました。また、人口が多い23区内から自然豊《ゆた》かな郊外《こうがい》の多摩地区《たまちく》まで、広い地域《ちいき》を管理していることも知りました。

最先端《さいせんたん》の技術《ぎじゅつ》を見られること、そして都会と郊外《こうがい》というまったく別の特徴《とくちょう》をもった地域《ちいき》で働けることにひかれたぼくは、東京都水道局《とうきょうとすいどうきょく》の水質検査員《すいしつけんさいん》になろうと思ったのです。

Q 今までにどんな仕事をしましたか？

１年目は、多摩地区《たまちく》の水質検査員《すいしつけんさいん》として働きました。

川の水などには、植物がかれた後にできるよごれがふくまれています。この物質《ぶっしつ》は塩素《えんそ》を加えると、化学反応《かがくはんのう》によってトリハロメタンという発《はつ》がん性《せい》が疑《うたが》われる別の物質《ぶっしつ》ができます。東京都の水道水にふくまれるトリハロメタンの量は法律《ほうりつ》で定められた水質基準値以下《すいしつきじゅんちいか》であり、安全性《あんぜんせい》に問題はありません。

しかし、当時、多摩地区《たまちく》の一部の山間部では雨が降《ふ》った後、水道水のトリハロメタンの値《あたい》が高くなってしまう問題が起こっていました。そこでぼくたちは、どのくらいよごれがふくまれた水だと、塩素《えんそ》を加えたときトリハロメタンが増《ふ》えるのか、さまざまな地点で水を採取《さいしゅ》して調べました。そして「雨が降《ふ》った後は、よごれの多い水が流れ去るのを待つ」といった取水に関する基準《きじゅん》をつくりました。このときの経験《けいけん》によって、ぼくは大きく成長できたように思います。

• フラスコと試験管 •

• マイクロピペット •

PICKUP ITEM

機械を使わずに水質《すいしつ》を調べるときには試験管やフラスコなどを使用。水にふくまれる成分に反応《はんのう》して色が変化する薬品を使うこともある。薬品は、マイクロピペットで量りながら少しずつ加えるのが基本《きほん》。『水道協會雑誌《すいどうきょうかいざっし》』は木村《きむら》さんの書いた水質管理《すいしつかんり》に関する論文《ろんぶん》がのった、日本水道協会発行の月刊誌《げっかんし》。水質検査《すいしつけんさ》でわかったことなどは論文《ろんぶん》にまとめ、発表することもある。

• 『水道協會雑誌《すいどうきょうかいざっし》』 •

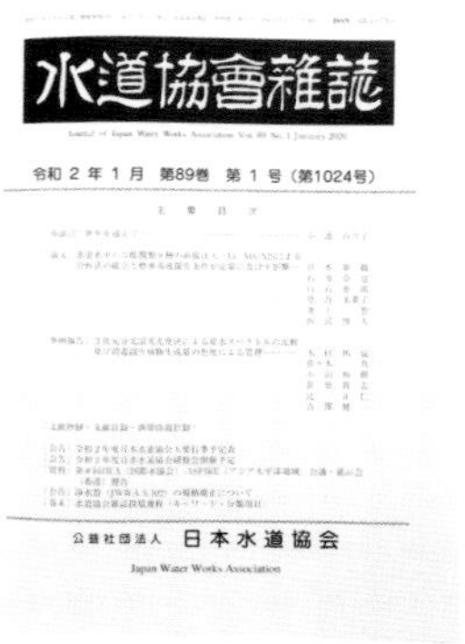
水道協會雑誌
令和２年１月　第89巻　第１号（第1024号）
公益社団法人　日本水道協会
Japan Water Works Association

Q 仕事をする上で、難《むずか》しいと感じる部分はどこですか？

水質《すいしつ》を管理するためには、関連するさまざまな機械の知識《ちしき》や、別の部署《ぶしょ》の仕事についても理解《りかい》しておかなければならないことが難《むずか》しいと感じるところです。

例えば、自動水質計器《じどうすいしつけいき》は、設備的《せつびてき》に残留塩素《ざんりゅうえんそ》の量と、そのほかいくつかの成分しか調べられません。しかし、そのことを知らなければ、機械を実際《じっさい》に管理する担当者《たんとうしゃ》に何でもかんでも調べるように頼《たの》んでしまい、困《こま》らせてしまいかねません。また、調べたい内容《ないよう》と理由を資料《しりょう》にまとめて依頼《いらい》書《しょ》を書いたぼくの時間も無駄《むだ》になります。

このような事態《じたい》をさけるためにも、日頃《ひごろ》から別の部署《ぶしょ》の人ともコミュニケーションをとり、さまざまな知識《ちしき》を身につけておくように心がけています。

Q ふだんの生活で気をつけていることはありますか？

どんなことでも、わからないことをそのままにしない姿勢《しせい》が大事だと思っています。

テレビを観たり本を読んだりしていて、わからない言葉や疑問《ぎもん》に思ったことはすぐ調べるようにしています。また、友だちと話していて、知らない言葉が出てきたときも、すぐに質問《しつもん》しています。

大人《おとな》になると「知りません」と口に出すのがはずかしくなることもありますが、仕事中にわからないことが出てきたら、積極的に質問《しつもん》するように心がけています。

Q これからどんな仕事をしていきたいですか？

安心して飲むことができる水道水は、高度浄水処理《こうどじょうすいしょり》を行う最先端《さいせんたん》の設備《せつび》や、自動水質計器《じどうすいしつけいき》などの機械にまかせておけばつくれるというものではありません。水の処理方法《しょりほうほう》について、それぞれの分野で高度な専門知識《せんもんちしき》をもった人が設備《せつび》や機械をきちんと管理するからこそ、つくることができるのです。そのため、より専門的《せんもんてき》に水質《すいしつ》に関する知識《ちしき》を身につけ、分析《ぶんせき》の技術《ぎじゅつ》を向上させていきたいです。そして、後輩《こうはい》たちにアドバイスしてあげられるような、頼《たよ》れる存在《そんざい》になりたいですね。

検査結果《けんさけっか》を分析《ぶんせき》し、どうすればきれいな水を保《たも》てるか上司や仲間と検討《けんとう》。

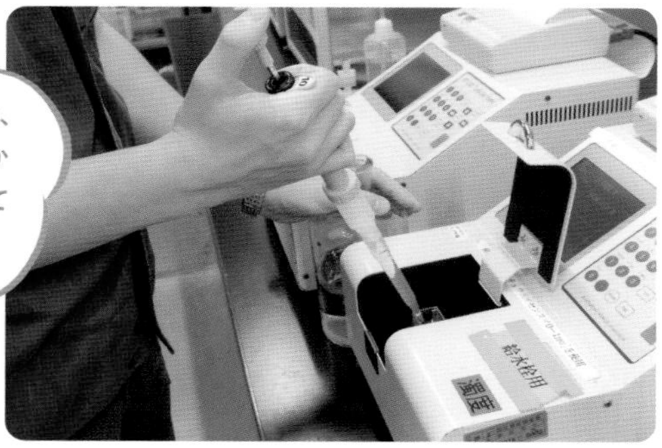

検討《けんとう》した方法で、本当に大丈夫《だいじょうぶ》か検査機《けんさき》を使って確認《かくにん》する。

水質検査員《すいしつけんさいん》になるには……

水質検査員《すいしつけんさいん》になるには、大学は理学部や農学部など、理系《りけい》の学部に進むとよいでしょう。実験のやり方や、細菌《さいきん》や微生物《びせいぶつ》に関する知識《ちしき》を学ぶことができます。その後、水質検査《すいしつけんさ》を行う企業《きぎょう》や地方公営企業《ちほうこうえいきぎょう》※に就職《しゅうしょく》すると水質検査員《すいしつけんさいん》としての道が開けます。また、全国給水衛生検査協会《ぜんこくきゅうすいえいせいけんさきょうかい》が認定《にんてい》する「認定水道水質検査員《にんていすいどうすいしつけんさいん》」という資格《しかく》もあり、こちらは講習《こうしゅう》を受けることで取得《しゅとく》できます。

高校

↓

大学（理系《りけい》）

↓

水質検査《すいしつけんさ》を行う企業《きぎょう》や地方公営企業《ちほうこうえいきぎょう》に就職《しゅうしょく》

用語　※地方公営企業《ちほうこうえいきぎょう》 ⇒地域公共団体《ちいきこうきょうだんたい》が経営《けいえい》する企業《きぎょう》のこと。代表的なものに水道事業や交通事業、病院事業などがある。

Q この仕事をするにはどんな力が必要ですか？

変化に気づく力が必要です。安全な水の基準《きじゅん》は法律《ほうりつ》で定められています。例えば、トリハロメタンの量は、1リットル中、0.1ミリグラム以下と決まっています。しかし、一度測《はか》って基準以下《きじゅんいか》だったとしても、毎日少しずつ増《ふ》えていけば、いずれ基準《きじゅん》をこえてしまいます。そのため、早い段階《だんかい》で変化を読み取り、事前に対処《たいしょ》することが大切なのです。細かい部分に目がいく人や、ささいな変化に気づける人はとても重宝《ちょうほう》されると思います。

大雨や台風などの影響《えいきょう》で水質《すいしつ》が変わることもあるため、天気予報《てんきよほう》の確認《かくにん》も欠かさない。

木村《きむら》さんの夢《ゆめ》ルート

小学校 ▶ とくになし

将来《しょうらい》のことは何も考えていなかった。

▼

中学校 ▶ ものをつくる仕事

工作が好きだったので
ものづくりの仕事に興味《きょうみ》をもった。

▼

高校 ▶ 化学系《かがくけい》の研究

化学の勉強が楽しくなり、
化学を使った研究に魅力《みりょく》を感じた。

▼

大学・大学院 ▶ 環境検査《かんきょうけんさ》の仕事

水質検査《すいしつけんさ》など、環境《かんきょう》に関わる検査《けんさ》をして
人々の生活を支《ささ》える仕事をしたいと思った。

Q 中学生のとき、どんな子どもでしたか？

中学生時代は、卓球《たっきゅう》ひと筋《すじ》でがんばっていました。部活で卓球部《たっきゅうぶ》に入っていたほかに、地元の卓球教室《たっきゅうきょうしつ》にも通っていて、ほとんど毎日練習していました。大会で優勝《ゆうしょう》するというような実力はなかったですが、楽しくて続けていました。

勉強は卓球《たっきゅう》の練習の合間にやるという感覚で、あまり好きではありませんでした。ただ、小学生のころから、図工の授業《じゅぎょう》で工作をすることが好きで、中学校に入ってからも技《ぎ》術《じゅつ》の授業《じゅぎょう》は楽しくて好きでした。あるとき、道具の使い方を覚える授業《じゅぎょう》で、ベニヤ板をのこぎりで切るという課題が出されました。みんなはのこぎりで切ることに必死でしたが、ぼくは切ったベニヤ板で何をつくるか考えていました。そのくらい「ものをつくること」に興味《きょうみ》がありました。

受験が近づくにつれて、勉強もしなければいけないと思うようになりました。それからは、教科書に出ている練習問題や、通っていた塾《じゅく》の問題集などをひたすら解《と》いていたような記憶《きおく》があります。問題を解《と》いたら答え合わせをして、まちがえたところは、なぜまちがえたのか、納得《なっとく》するまで考えていました。今思うと、このころから、調べて分析《ぶんせき》をするのが好きだったのかもしれないですね。

中学2年生で行った東京への修学旅行《しゅうがくりょこう》のときの写真。東京《とうきょう》タワーにのぼったのがよい思い出。

愛用のラケット。小学生のときは地元のサッカーチームに入っていたが、中学からは別のスポーツをしたいと思い卓球部《たっきゅうぶ》に入った。

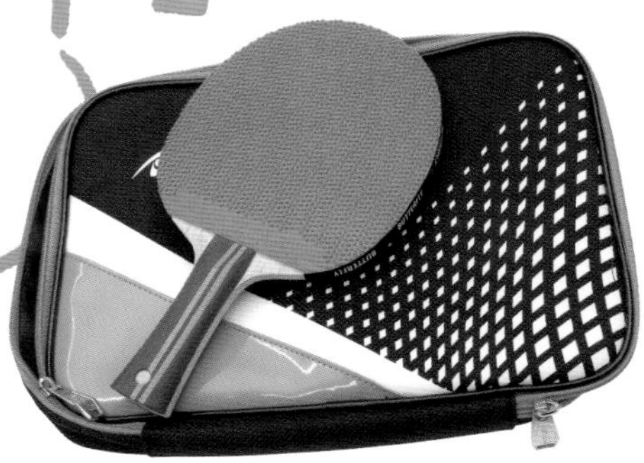

Q 中学のときの職場体験《しょくばたいけん》は、どこに行きましたか？

中学２年生のとき、近所の豆腐店《とうふてん》に１日、コンビニエンスストアに３日間行きました。豆腐店《とうふてん》には、体験前日に行き、お店の人と夕食をいっしょに食べてから一度寝《ね》ました。体験開始はなんと夜中の１時で、眠《ねむ》い目をこすりながら、豆腐《とうふ》をつくるところから販売《はんばい》するまでの工程《こうてい》を見学しました。コンビニエンスストアでは、お客さんへのあいさつやレジの打ち方、商品の並《なら》べ方《かた》、店内の掃除《そうじ》などを体験しました。

Q 職場体験《しょくばたいけん》ではどんな印象《いんしょう》をもちましたか？

同じ「商品を売るお店」でも、豆腐店《とうふてん》とコンビニエンスストアでは、仕事の内容《ないよう》は全然ちがうんだなという印象《いんしょう》をもちました。その一方で、お客さんに「いらっしゃいませ」や「ありがとうございました」と声をかけるのは、どんなお店でも必要なことなのだと知りました。

また、お店に並《なら》んでいる商品というのは、多くの人の力があって販売《はんばい》されているのだと考えるようになり、ものを買うとき感謝《かんしゃ》の気持ちがわくようになりました。とくに豆腐《とうふ》は、夜中の１時からはじまる工程《こうてい》を知ったからこそ、よけいにおいしく感じるようになりましたね。

Q この仕事を目指すなら、今、何をすればいいですか？

勉強や部活など、さまざまなことに全力で挑戦《ちょうせん》することが大切だと思います。どんなことも全力で関わると、初めは見えなかったおもしろさや大変さがわかるようになり、視《し》野《や》が広がります。視野《しや》が広がると、いろいろな角度から物事を見られるようになるため、相手の気持ちを想像《そうぞう》する力も身につきます。

水道局では、さまざまな専門家《せんもんか》が人々に安全な水を届《とど》けるために働いています。そのため、それぞれの立場に立って物事を考え、コミュニケーションをとる力をつけておくことが、中学生時代には大切なことだと思います。

ー今できることー

ふだんの暮《く》らし

水質検査員《すいしつけんさいん》は、安全な水を届《とど》けるために、毎日、水質《すいしつ》を確認《かくにん》し、小さな変化を読み取ります。植物や生きものを育て、観察記録をつけて成長のようすを見守ってみるとよいでしょう。昨日と今日とのわずかなちがいに注目し、明日どうなるか予測《よそく》を立てることも大切です。

また、水道水への関心をもちましょう。ふだん使っている水がどこを水源《すいげん》としているのか調べ、休みの日にその川やダムに行ってみるのもおすすめです。そして、水《すい》資源《しげん》を守るために何ができるか考えましょう。

社会 水道の歴史《れきし》を通し、水道がどのように発展《はってん》してきたか学びましょう。また、世界の水道事情《すいどうじじょう》を知り、日本が学ぶべき点や、技術協力《ぎじゅつきょうりょく》できることは何か考えましょう。

数学 検査《けんさ》で出てきた数値《すうち》をグラフや表にまとめてみましょう。また、データから事実を正確《せいかく》に読み取る力を養っておくと、水質検査員《すいしつけんさいん》の仕事に役立つでしょう。

理科 化学変化や、水や薬品を構成《こうせい》する原子、分子構造《ぶんしこうぞう》について基礎《きそ》を学びましょう。また、さまざまな実験器具の基本的《きほんてき》な使い方を身につけておきましょう。

家庭科 水道と社会生活との関わりを理解《りかい》し、節水など環境《かんきょう》に気を配った利用方法を学びましょう。

File No.177

浴室商品開発

Bathroom Products Development

TOTO《トートー》
永田《ながた》 優《ゆう》さん
入社7年目 30歳《さい》

疲《つか》れをいやし
心と体をリフレッシュ
させる、快適《かいてき》な
浴室をつくります

日本人にとってお風呂《ふろ》に入ることは欠かせない生《せい》活習慣《かつしゅうかん》のひとつです。体を洗《あら》い、疲《つか》れをいやす浴室には、快適《かいてき》さや使いやすさを追求したこだわりがつまっています。そこで、TOTO《トートー》で浴室商品の開発を行う、永田優《ながたゆう》さんにお話をうかがいました。

Q 浴室商品開発とはどんな仕事ですか？

トイレ、浴室、キッチン、洗面所《せんめんじょ》など、建物のなかで水を使う場所を、建築用語《けんちくようご》で「水まわり」といいます。ぼくが働いているTOTO《トートー》は、水まわりで使われる商品を開発、製造《せいぞう》し、販売《はんばい》している会社です。ぼくは浴室商品開発グループという部署《ぶしょ》で、ユニットバスの開発にたずさわっています。ユニットバスとは、浴槽《よくそう》、シャワー、壁《かべ》、床《ゆか》など浴室に必要なパーツを工場でつくっておき、それを現場《げんば》で組み立てるタイプの浴室のことです。

ぼくが担当《たんとう》するのは「ほっカラリ床《ゆか》」という床《ゆか》です。ほっカラリ床《ゆか》は、TOTO《トートー》が開発した人気のシリーズです。床《ゆか》の内側にクッション性《せい》のあるウレタン素材《そざい》が入っていて、たたみのようなやわらかさと温かいふみ心地が特徴《とくちょう》です。表面には、水はけがよく、すべりにくくてかわきやすい材質《ざいしつ》のシートを使っています。このほっカラリ床《ゆか》をさらに快適《かいてき》で使いやすくするのがぼくの仕事です。

開発はまず、デザイン担当者《たんとうしゃ》が、ユニットバス全体のイメージをつくります。これに合わせて、各パーツの担当者《たんとうしゃ》が開発を行います。ぼくは床《ゆか》の担当《たんとう》なので、床《ゆか》の素材《そざい》や構造《こうぞう》を見直し、試験をくりかえしながら改良を重ねていきます。

また、床《ゆか》につける新《あら》たな機能《きのう》も考えます。例えば、床《ゆか》にカビが生えるのを防《ふせ》ぐ「床《ゆか》ワイパー洗浄《せんじょう》」という機能《きのう》があります。化粧棚《けしょうだな》の下に取りつけた蛇口《じゃぐち》からワイパーのように水を散布《さんぷ》して床《ゆか》を洗《あら》い流《なが》し、続いてTOTO《トートー》が開発した除菌効果《じょきんこうか》のある「きれい除菌水《じょきんすい》」をふきつけてカビの発生をおさえる仕組みです。こうした新しい機能《きのう》を開発するのです。

そのほか、すでにほかの会社などで特許《とっきょ》※がとられている技術《ぎじゅつ》を使っていないか確認《かくにん》することも重要です。もし使おうとする技術《ぎじゅつ》に特許《とっきょ》があって使用できない場合は、別の方法を考えて設計《せっけい》しています。そのため、特許《とっきょ》の専門部署《せんもんぶしょ》の担当者《たんとうしゃ》とも確認《かくにん》をしながら開発を進めています。

設計《せっけい》するときは、3DCAD《スリーディーキャド》というパソコンソフトで立体的に表示しながら、作図する。

Q どんなところがやりがいなのですか？

お客さんにお願いしているアンケートで「お風呂《ふろ》の時間が楽しみになった」とか「掃除《そうじ》がしやすくてよい」など、満足度の高い感想をもらえたとき、大きなやりがいを感じます。同時に試作と試験を何度もくりかえした苦労がすべてふき飛び、うれしさもこみ上げます。

ぼくが入社して最初に開発にたずさわったユニットバスを、今、ぼくの実家でも使っています。両親に「床《ゆか》がやわらかくて気持ちがいいね」と喜《よろこ》んでもらうことができ、親孝行《おやこうこう》ができたなと思っています。

さまざまなユニットバスを展示《てんじ》したショールーム。販売中《はんばいちゅう》の商品をすぐに見られるように会社内に設置《せっち》されている。

永田《ながた》さんのある1日

08:30 出社。メールのチェックをする
▼
09:00 新しく設計《せっけい》した床《ゆか》の「水はけ」を試験して確認《かくにん》
▼
11:30 打ち合わせ。試験結果を見ながら品質管理《ひんしつかんり》の担当者《たんとうしゃ》と問題点の確認《かくにん》
▼
12:30 ランチ
▼
13:10 午前中に確認《かくにん》した問題点を書類にまとめ、床《ゆか》の設計《せっけい》を見直す
▼
15:00 床《ゆか》にはるシートをつくるメーカーの担当者《たんとうしゃ》と打ち合わせ
▼
16:30 打ち合わせた内容《ないよう》を書類にまとめる
▼
17:30 事務作業《じむさぎょう》をして、退社《たいしゃ》

用語 ※ 特許《とっきょ》 ⇒ 優《すぐ》れた技術発明《ぎじゅつはつめい》を保護《ほご》するための権利《けんり》。国の機関である特許庁《とっきょちょう》に発明の内容《ないよう》を出願して認《みと》められると、自分のものとして使う権利《けんり》が法律《ほうりつ》によって守られる。

Q 仕事をする上で、大事にしていることは何ですか？

目的や目標を達成しようとするとき「この方法しかない」と視野《しや》をせまくしないことです。例えば、すばらしい床《ゆか》の構造《こうぞう》を思いついたものの、使用する素材《そざい》の確保《かくほ》に時間がかかって期間内につくれなかったとします。だからといってそのままあきらめてしまうと何も生まれません。ほかの素材《そざい》で製造《せいぞう》することができないのか。またはスケジュールをのばすことは本当にできないのか。開発者は、さまざまな視点《してん》から、ゴールを目指すことが大切なのです。

この点において、ぼくはまだできていないと感じるので、行《い》き詰《づ》まったときは上司や先輩《せんぱい》などに相談するようにしています。

ユニットバス開発の各パーツ担当者《たんとうしゃ》と意見を交換《こうかん》。パーツの改良は、全体の設計《せっけい》に関わってくるため、情報共有《じょうほうきょうゆう》は欠かせない。

Q なぜこの仕事を目指したのですか？

ものづくりが好きだったこともあり、大学時代は理工学部で機械工学を学び、大学院にも進学しました。そのため会社で働くなら、これまで勉強してきた知識《ちしき》や技術《ぎじゅつ》を活かせる仕事がよいと思い、ものを製造《せいぞう》する企業《きぎょう》、いわゆるメーカーを志望《しぼう》しました。しかし、何をつくるメーカーがよいかわからず悩《なや》んでいました。

そんなとき目にしたのが、TOTO《トートー》の「さまざまな人の生活や困《こま》りごとに向き合い、使いやすく、快適《かいてき》な商品づくりを追求する」という言葉と、ユニバーサルデザイン※への取り組みです。「あらゆる人によいものを使ってもらいたい。そのために、ものをつくる」という、TOTO《トートー》の考え方に大きな魅力《みりょく》を感じたのです。

そこから、TOTO《トートー》の商品や会社についていろいろと調べ、ここで仕事をしようと決意しました。

大学院では繊維《せんい》と樹脂《じゅし》からなる複合素材《ふくごうそざい》の研究をした永田《ながた》さん。「素材《そざい》の開発という意味では、仕事にも活かされていますね」

Q 今までにどんな仕事をしましたか？

入社してすぐに浴室商品開発グループに配属《はいぞく》され、ずっと床《ゆか》の開発にたずさわっています。床《ゆか》のなかでもおもに、表面に使われる材料の開発や改良がぼくの担当《たんとう》です。

TOTO《トートー》が発明した「ほっカラリ床《ゆか》」は、「ほっ」とするやわらかさと、表面の独特《どくとく》な形状《けいじょう》による水はけのよさで、翌朝《よくあさ》には「カラリ」とかわくという画期的な商品です。ぼくは、それまで以上に水はけがよくなるように、床《ゆか》に入れる溝《みぞ》の形状を見直しました。そして、床《ゆか》の表面に特殊処理《とくしゅしょり》を行って、よごれがつきにくく掃除《そうじ》のしやすい床《ゆか》にしました。

お客さんからの期待に応《こた》えるため、品質管理《ひんしつかんり》の担当者《たんとうしゃ》による商品検査《しょうひんけんさ》では厳《きび》しいチェックが入ります。何度やっても検査《けんさ》に通らず、心が折れそうになったこともあります。しかし、こうした経験《けいけん》を重ねて、ものづくりへの責任《せきにん》や、技術《ぎじゅつ》者《しゃ》としての考え方が身についたと思います。

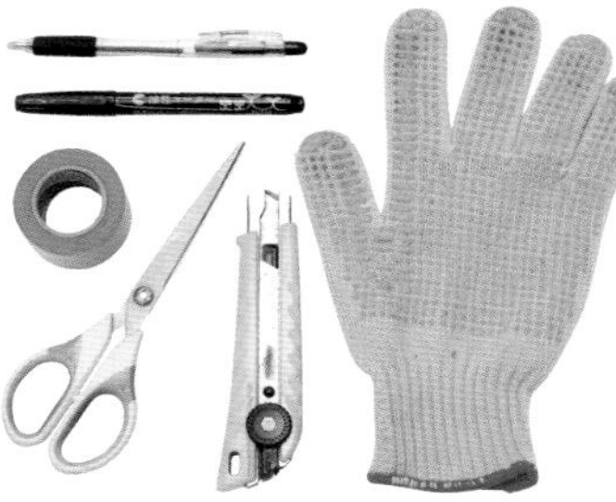

サンプル確認用道具《かくにんようどうぐ》

床《ゆか》サンプル

PICKUP ITEM

試作した床《ゆか》の断面《だんめん》や、さわり心地などを確認《かくにん》するためのサンプル。気になるところに印をつけたり、カッターで断面《だんめん》を切ったりしながら、細かくチェックする。カッターを使うときは、安全のため軍手の着用が会社の規則《きそく》で義務《ぎむ》づけられている。

用語　※ ユニバーサルデザイン ⇒ 障《しょう》がいの有無や能力《のうりょく》、年齢《ねんれい》、性別《せいべつ》、人種などにかかわらず、すべての人が快適《かいてき》に利用できるように考えられたデザインのこと。

Q 仕事をする上で、難《むずか》しいと感じる部分はどこですか？

作業の目的やゴールを見失わないようにすることが難《むずか》しいと感じる部分です。

例えば期間内に作業を終わらせなければいけないというとき、終わらせることを第一目標にするのか、それとも期間をのばしてもこだわってつくることを目標にするのか、場合によってちがいます。お客さんを待たせないことも大切ですし、よりよいものを目指すことも大切です。その答えを見つけるために何日も悩《なや》んでいては、それこそ、どちらの目標からも遠ざかってしまいます。そのため、物事を始めるときは、まず行う理由をしっかり見定め、そこにたどり着くように道《みち》筋《すじ》を決めていくことが大切だと感じています。

Q ふだんの生活で気をつけていることはありますか？

仕事のために何かに気をつけているということはありません。ただ、お店やホテルなどの施設《しせつ》に出かけたときは、トイレや洗面所《せんめんじょ》、浴室がどこのメーカーの商品なのか、また、どんなデザインか、つい確認《かくにん》してしまいます。

とくにぼくは床《ゆか》が担当《たんとう》なので、浴室に限《かぎ》らず、さまざまな場所の床《ゆか》が気になります。「この線にそって水を流す仕組みにしているのかな」とか「このデザインなら掃除《そうじ》がしやすそうだな」などと、考えてしまいますね。

でも、こうしたふだんからの疑問《ぎもん》や確認《かくにん》が開発のヒントになることもあるので、よい習慣《しゅうかん》だと思っています。

Q これからどんな仕事をしていきたいですか？

TOTO《トートー》は、水まわりで使われる商品を通じて、世の中の「文化」をつくることを目指しています。代表的な商品である温《おん》水洗浄便座《すいせんじょうべんざ》の「ウォシュレット®」や、ぼくが担当《たんとう》している「ほっカラリ床《ゆか》」は、それぞれ発売当初、同じ発想をもつ商品は世界のどこにもありませんでした。しかし、今ではこれらが新たな文化として定着し、あるのが当たり前になりました。TOTO《トートー》で開発をまかされている以上、ぼくもいずれは「文化を変えた」と言われるような商品をつくりたいです。

また、ずっと浴室の床《ゆか》を担当《たんとう》してきたので、それ以外の商品開発をしてみたいという思いもあります。さまざまな商品にたずさわり、開発者としての腕《うで》をみがきたいです。

浴室開発グループの仲間と、新商品のユニットバスのできばえをチェック。

このユニットバスには、TOTO《トートー》が開発したカビを防《ふせ》ぐ効果《こうか》のある「きれい除菌水《じょきんすい》」が流れる仕組みを採用《さいよう》している。

浴室商品開発者になるには……

浴室商品の開発の仕事をするには、ものづくりについてはば広く学べる、工学部や理工学部に進学するとよいでしょう。設計《せっけい》技術《ぎじゅつ》や、実際《じっさい》の組み立て方法などを実践《じっせん》的《てき》に学ぶことができます。また、可能《かのう》なら大学院へ進み、興味《きょうみ》のある分野について、突《つ》き詰《つ》めて研究を行う経験も積んでおくとよいでしょう。実際《じっさい》に開発の仕事に就《つ》いたとき、研究の経験《けいけん》が活きてきます。

高校
↓
大学（工学部、理工学部など）
↓
大学院（理系《りけい》）
↓
浴室の開発製造《かいはつせいぞう》を行っている会社に就職《しゅうしょく》

Q この仕事をするには どんな力が必要ですか？

発想力や応用力《おうようりょく》が必要だと思います。もちろん、専門知識《せんもんちしき》を身につけることは大事ですが、それだけでは開発の仕事はできません。重要なのは、専門知識《せんもんちしき》を使って、何を生み出し、どんな問題を解決《かいけつ》できるかです。

発想力や応用力《おうようりょく》は、中学時代から養えます。おもしろいデザインを見たら、なぜこのかたちになったのか、設計者《せっけいしゃ》の意図を想像《そうぞう》したり、自分ならどんなデザインにしたいか考えたりしてみてください。

永田《ながた》さんが開発した床《ゆか》パーツ。発売まで２年をかけ、それまで以上に使いやすい床《ゆか》を追求した。

永田《ながた》さんの夢《ゆめ》ルート

小学校 ▶ テニスのインストラクター

テニススクールに通っていたので
テニスに関わる仕事が身近だった。

▼

中学校・高校 ▶ とくになし

仕事についてあまり考えていなかった。
ただ、ものづくりは好きだった。

▼

大学・大学院 ▶ メーカーの開発者

理工学部に進学し
樹脂《じゅし》を使った材料の研究を進めるうちに
開発の仕事をしたいと思うようになった。

Q 中学生のとき どんな子どもでしたか？

小学５年生からテニススクールに通い始めたこともあり、部活は硬式《こうしき》テニス部に入ろうと思っていました。ところが、ぼくの中学校には硬式《こうしき》テニス部がなかったため、部活には入らずに、テニススクールを続けることにしました。硬式《こうしき》テニスが楽しくてやめたくなかったんです。

テニススクールには週に２、３回通い、休日は、自宅《じたく》からかなり遠いところにあったテニスコートに、自転車で通って練習していました。今でもテニスは好きで、続けています。当時習っていたコーチとも交流があり、ときどきいっしょに練習や試合をしています。

学習面では、宿題は必ずやっていましたが、それ以外はテスト勉強くらいです。テストの２週間前から１日５時間ほど勉強し、テスト直前になると今度は、１日２時間くらいしかやりませんでした。まわりの友だちは、直前になるほど勉強時間が増《ふ》えていくのに、ぼくはなぜか逆《ぎゃく》だったんです。理由は自分でもよくわかりません。ただ、勉強も運動もコツコツと努力してできるようになるタイプだったので、あせってやっても仕方がないと思っていました。その気持ちが強くて、直前になると反対に勉強時間を減《へ》らしてしまっていたのかもしれないですね。

テニススクールに通うようになったのは、母親にすすめられたから。「家族全員、テニス好きだったので、みんなで楽しむこともありました」

当時使っていたテニスラケット。テニスに夢中《むちゅう》で勉強がおろそかになり、中学に入って最初のテストでは、ひどい成績《せいせき》をとり、父親にしかられた。

中学のときの職場体験《しょくばたいけん》はどこに行きましたか？

中学2年生のときに、友だちと3人でコンビニエンスストアに2日間行きました。選んだ理由は、いつも使っているコンビニの裏側《うらがわ》がどうなっているのか、興味《きょうみ》をもったからです。

体験の最初に、コンビニのスタッフとの簡単《かんたん》な面接《めんせつ》がありました。あらかじめ書いておいた履歴書《りれきしょ》※のようなものを見せて、自分の長所や、がんばっていることなどを話した記《き》憶《おく》があります。

職場体験《しょくばたいけん》ではどんな印象《いんしょう》をもちましたか？

商品を買ってくれたお客さんに対して「ありがとうございました」という過去形《かこけい》ではなく「ありがとうございます」と現在形《げんざいけい》で伝えることを教わったのが印象《いんしょう》に残っています。お客さんとの関係を過去形《かこけい》で終わらせるのではなく、現在《げんざい》形《けい》にして「また来てください」という思いをこめるのです。言葉ひとつに、そんな思いがこめられていることを知っておどろきました。

働くことについては、正直なところ何も感想をもちませんでしたが、お客さんを第一に考えて仕事をしているのだということは伝わってきました。

この仕事を目指すなら今、何をすればいいですか？

メーカーでの開発職《かいはつしょく》を目指すなら、大学で理数系《りすうけい》の知識《ちしき》を学ぶ必要があります。可能《かのう》であれば大学院への進学もおすすめします。大学院で何らかの研究をすることが、ひとつのことを突《つ》き詰《つ》める経験《けいけん》になり、開発の仕事に活かされるからです。そのため、中学生のときから、数学の勉強はとくにしっかりやっておいた方がよいと思います。

また、開発の仕事は、目標に向かいあきらめず、やりぬくことが重要なので、何か熱中できるものを見つけるとよいと思います。ぼくもテニスに夢中《むちゅう》になったことで、あきらめない心や挑戦心《ちょうせんしん》が身についたと思っています。

‐今できること‐

ふだんの暮《く》らし

お風呂《ふろ》に入るときに感じる気持ちをひとつひとつ言葉にして考えてみるとよいでしょう。例えば、浴室の床《ゆか》に足をのせたとき「冷たい」と感じたとか、浴《よく》槽《そう》につかって「気持ちよい」と感じたなど言葉にします。すると、自分がお風呂《ふろ》に何を求めているのかが見えてくるはずです。また「よい」と感じたときは、それをつくった会社の公式サイトを見て、使われている技術《ぎじゅつ》や工夫を調べてみましょう。そのほか、お風呂掃除《ふろそうじ》を日課にし、「掃除《そうじ》のしやすさ」について考えてみるのもよいでしょう。

社会　日本人は昔からお風呂《ふろ》に入ることが好きだったと言われています。お風呂の歴史《れきし》や役割《やくわり》について調べましょう。

数学　開発者には設計《せっけい》の知識《ちしき》が必要です。設計《せっけい》には面積の計算や強度の計算など、さまざまな計算が求められます。方程式《ほうていしき》や関数を学び基礎的《きそてき》な計算力をつけましょう。

理科　物質《ぶっしつ》の特徴《とくちょう》や変化について学び、科学的に考える力を養いましょう。また、目的をもって実験することを覚え、結果をもとに新しいものを生み出す力を育てましょう。

技術　ものづくりの体験を通して、材料の加工方法や、組み立て技術《ぎじゅつ》を学びましょう。また、制作品《せいさくひん》に必要な機能《きのう》と構造《こうぞう》を理解《りかい》して設計《せっけい》できるようになりましょう。

用語　※ 履歴書《りれきしょ》⇒名前や住所、これまで行ってきた仕事内容《しごとないよう》など、自分自身について知ってもらうための書類。就職《しゅうしょく》や転職《てんしょく》を行うときに書いて、志望《しぼう》する会社に提出《ていしゅつ》する。

File No.178

ラフティングインストラクター

Rafting Instructor

ビックスマイル
井《い》口《ぐち》夏《なつ》実《み》さん
入社6年目 27歳《さい》

川の楽しさを伝え、急流下りのスリルを安全に楽しむお手伝いをします

ゴムボートに乗って川を下るラフティングは、ウォータースポーツのひとつとして楽しまれています。ボート操作《そうさ》の高い技術《ぎじゅつ》をもち、ラフティングインストラクターとして、ツアーのお客さんを盛《も》り上《あ》げる、井《い》口夏実《ぐちなつみ》さんにお話をうかがいました。

Q ラフティングインストラクターとはどんな仕事ですか？

　ラフティングとは、ゴムボートに乗って急流をこいで下るウォータースポーツのことです。私の会社では、だれでも安全に楽しくラフティングができるように、専門《せんもん》の知識《ちしき》と技術《ぎじゅつ》をもったインストラクターの指示《しじ》のもと、いっしょに急流を下るツアーを開催《かいさい》しています。お客さんの安全を確認《かくにん》しながらラフティングの魅力《みりょく》を感じてもらうのが、インストラクターの大きな役目です。

　インストラクターとしての私の仕事は、その日の天候確《てんこうかく》認《にん》から始まります。台風や大雨の予報《よほう》は出ていないか、川の水量に問題はないかを気象庁《きしょうちょう》のWEB《ウェブ》サイトやネットのアプリで確認《かくにん》し、ツアーが開催《かいさい》できるか、できないか判断《はんだん》をします。危険《きけん》と判断《はんだん》した場合は、その日に予約しているお客さんに中止の連絡《れんらく》をします。

　ツアーでは、お客さんが装備《そうび》するヘルメットやライフジャケットなどの点検《てんけん》をして、ボートをこぐためのパドルの使い方を説明します。また、ボートから落ちてしまったときの対処法《たいしょほう》など、川の上での注意点をお客さんに説明します。

　ツアーで使うボートは、8～10人乗りで、インストラクターが必ずひとり同乗します。お客さんの人数が多いときは、ボートの数を増《ふ》やして行います。私はツアーリーダーもまかされているので、自分が乗るボートのことだけでなく、ほかのボートの動きにも気を配っています。

　準備《じゅんび》が整ったらいよいよ出発です。川の流れの速さは日によって少しずつちがいます。また、川の右側、真ん中、左側など、場所によっても異《こと》なります。そのため、お客さんの年齢層《ねんれいそう》や、乗っているときの表情《ひょうじょう》を見ながら、いちばん適《てき》したコースを考えてボートを進めていきます。

　ラフティングの最大の魅力《みりょく》は、急流を水しぶきを受けながら自分たちの力でこいで下ることです。安全の範囲内《はんいない》でいかに、その体験をさせてあげられるかが、ラフティングインストラクターとしての腕《うで》の見せどころです。

ボートの後ろに乗って、進行方向の舵《かじ》をとる井口《いぐち》さん。急流を進むときのスピード感はスリル満点。

Q どんなところがやりがいなのですか？

　お客さんの楽しそうな笑顔が見られることや、直接《ちょくせつ》「ありがとう」や「楽しかった」と言ってもらえることです。自分の大好きなラフティングの魅力《みりょく》を、お客さんにも伝えることができたと実感できるからです。

　また、ツアーでは、同じボートにちがうグループのお客さんがいっしょに乗ることもあります。最初は気まずそうにしていたお客さんどうしが、最後には連絡先《れんらくさき》を交換《こうかん》しているくらい仲良くなっているのを見ると、とてもうれしくなり、ラフティングインストラクターをやっていてよかったなと思います。

井口《いぐち》さんのある1日

07：00　天気予報《てんきよほう》の確認《かくにん》
▼
07：50　出勤《しゅっきん》。川の水量確認《すいりょうかくにん》とメールの確認《かくにん》
▼
08：00　朝のミーティング。仲間のインストラクター全員でその日のツアーの確認《かくにん》をする
▼
08：20　ツアー準備《じゅんび》。ボートの準備《じゅんび》やお客さんが装備《そうび》するヘルメット、ライフジャケットなどの点検《てんけん》をする
▼
09：00　ツアー開始。お客さんに、装備《そうび》の着用方法やボートのこぎ方、川での注意点などを説明してから出発する
▼
11：30　ツアー終了《しゅうりょう》。あとかたづけをする
▼
12：00　ランチ
▼
13：00　午後のツアー準備《じゅんび》
▼
14：00　ツアー開始
▼
16：30　ツアー終了《しゅうりょう》。あとかたづけをする
▼
17：00　ツアー報告書《ほうこくしょ》を書いて、本社に送る
▼
17：30　退社《たいしゃ》

ボートをこぐパドルの使い方を説明する井口《いぐち》さん。

Q 仕事をする上で、大事にしていることは何ですか？

お客さんに楽しんでもらうために、まずは私自身がラフティングを全力で楽しむことを大事に考えています。

私は、お客さんは自分の鏡だと思っています。私が疲《つか》れた表情《ひょうじょう》を顔に出してしまったら、それがお客さんにも伝わってしまうからです。お客さんにとっても、川が好きで、ラフティングが大好きなインストラクターの方が楽しいはずです。落ちこんだり、疲《つか》れていたりしても、川に出たらラフティングに集中して、めいっぱい楽しんでいます。

ラフティング用道具一式

カメラ

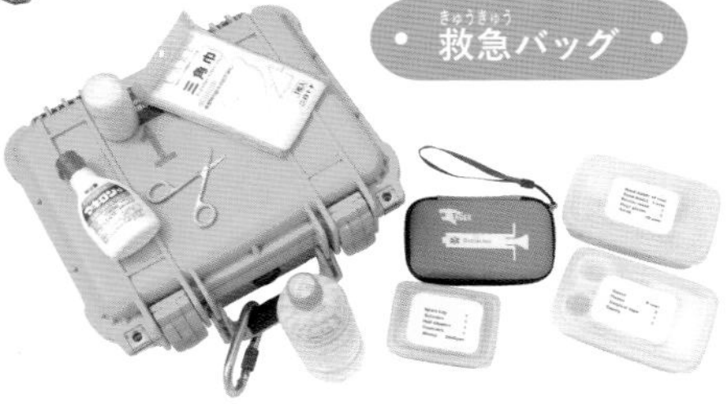

救急《きゅうきゅう》バッグ

PICKUP ITEM

川に持っていくラフティング道具は、ヘルメット、ライフジャケット、レスキュー用のロープ、ホイッスル、ナイフなど。カメラはツアー中のようすを撮影《さつえい》するためのもの。ツアー後にお客さんに販売《はんばい》したり、会社のWEB《ウェブ》サイトで紹介《しょうかい》したりする。ツアー中にけがをしても、応急処置《おうきゅうしょち》ができるように救急《きゅうきゅう》バッグを持っていく。

Q なぜこの仕事を目指したのですか？

小学生のころからキャンプやスキーなどアウトドアの遊びが好きで、ラフティングにもあこがれていました。しかし一度も体験するチャンスがなかったので、インストラクターになればラフティングができると思いました。ラフティングのツアーに参加して体験するといった考えはまったく浮《う》かばず、すぐにビックスマイルへの入社を決めました。

私はもともと、体育教師《たいいくきょうし》を目指していました。しかし、人前で話すことが苦手で、生徒の前に出て教えることに不安がありました。そのため、インストラクターのような仕事を経験《けいけん》しておけば、克服《こくふく》できるのではないかという思いもあったのです。

実際《じっさい》になってみると仕事はとても楽しく、毎日が充実《じゅうじつ》しています。人前で話すこともできるようになりましたが、今では教師《きょうし》になることは考えられなくなりました。

Q 今までにどんな仕事をしましたか？

入社する少し前から、日本《にほん》ラフティング協会公認《きょうかいこうにん》ガイドという資格《しかく》を取得《しゅとく》するための研修《けんしゅう》を会社で受けました。資格《しかく》を取得《しゅとく》し、インストラクターとして初めてまかされた仕事は、ビックスマイルが修学旅行生《しゅうがくりょこうせい》向けに開催《かいさい》しているツアーでした。緊張《きんちょう》しましたが、ボートに乗る学生たちの楽しそうな姿《すがた》を見ているうちに自然とリラックスできました。

その後は、埼玉県の長瀞町《ながとろまち》にある営業所《えいぎょうしょ》に配属《はいぞく》となりました。この営業所《えいぎょうしょ》は、観光地ということもあり、1回のツアーで100人ほど来ることもありました。100人が来たときは、急に先輩《せんぱい》から、お客さん全員の前でラフティングのやり方を教えるように言われてあわてました。しかし、この経験《けいけん》で度胸《どきょう》がつき、人前で話すことへの苦手意識《にがていしき》を克服《こくふく》することができたのだと思います。長瀞《ながとろ》で4年間働いた後、いま働いている奥多摩《おくたま》の営業所《えいぎょうしょ》に異動《いどう》になりました。

ラフティングツアーの開催《かいさい》がない冬の間は、消防署《しょうぼうしょ》や警察《けいさつ》、自衛隊《じえいたい》で救助隊員《きゅうじょたいいん》として働く人にレスキュー技術《ぎじゅつ》の講習《こうしゅう》を行ったり、橋やビルといった高い建物の安全調査《あんぜんちょうさ》や点検作業《てんけんさぎょう》をしたりしています。また、ビックスマイルで働きたいという人向けに会社説明会を開いたり、面接《めんせつ》を行ったりする「採用担当《さいようたんとう》」という仕事もまかされています。

Q 仕事をする上で、難《むずか》しいと感じる部分はどこですか？

最近は経験値《けいけんち》も上がり、自信をもって仕事ができるようになったため、ラフティングインストラクターをしていて難《むずか》しいと感じることは少なくなりました。

その代わり、別の悩《なや》みが出てきました。サンダルと足の間に入った砂《すな》によって皮膚《ひふ》がすれてしまい、うんだ状態《じょうたい》になってしまうことです。もともと川の水で足がふやけているので、皮膚《ひふ》に傷《きず》がつきやすく、そこから細菌《さいきん》が入ってしまうのです。ひどいときには、歩くのもやっとの状態《じょうたい》になってしまいます。しかし、そのせいでツアーのお客さんの安全を守れないようなことがあっては大変です。砂《すな》が入らないように靴下《くつした》をはいたり、早めに薬をぬって治したりなど、自分の体のケアをおこたらないように心がけていますが、これは簡単《かんたん》なようで難《むずか》しいなと感じます。

Q ふだんの生活で気をつけていることはありますか？

体力や健康が第一の仕事なので、夏バテなどをしないように、まずはよく食べることを心がけています。なるべく自分で料理をして、お米を食べるようにしています。私は、パンよりもご飯の方が元気が出るみたいです。

また、しっかり寝《ね》ることも大事にしています。大学生のとき、私には6時間の睡眠《すいみん》がいちばん合っていることに気がつきました。それ以来、起床時間《きしょうじかん》から逆算《ぎゃくさん》して睡眠時間《すいみんじかん》を確保《かくほ》することを心がけています。

Q これからどんな仕事をしていきたいですか？

お客さんにとって、頼《たよ》れるラフティングインストラクターになることです。そして、急流を下る気持ちよさや、下りきったときの達成感など、ラフティングで味わえる楽しさを、余《あま》すところなく伝えられるようになりたいです。

また、私は今、ツアーリーダーとして、ツアー全体に責任《せきにん》をもつ立場にいます。どのボートに乗ってもお客さんが楽しめるように、ラフティングインストラクターどうしで技術《ぎじゅつ》を向上しあえるような環境《かんきょう》づくりもしていきたいです。

技術《ぎじゅつ》の向上のために、いつかネパールの川でもラフティングに挑戦《ちょうせん》してみたいです。ネパールといえば、標高世界一のエベレストがあるヒマラヤ山脈《さんみゃく》が有名ですが、じつはラフティングも盛《さか》んです。毎年夏には、ネパール人のラフティングインストラクターが来てガイドを手伝ってくれるのですが、みなさん経験豊富《けいけんほうふ》で優秀《ゆうしゅう》です。彼《かれ》らの技術《ぎじゅつ》を学ぶためにも、いつか現地《げんち》に行ってみたいです。

ボートを、川の真ん中までひっぱり、流れにのったところで、井口《いぐち》さんもボートに飛び乗り、ラフティングがスタート。

ラフティングインストラクターになるには……

ラフティング協会が主催《しゅさい》している「日本《にほん》ラフティング協会認定試験《きょうかいにんていしけん》」に合格《ごうかく》し、資格《しかく》を取得《しゅとく》する必要があります。ラフティングツアーを運営《うんえい》している会社でトレーニングを受け、受験資格《じゅけんしかく》を得《え》ましょう。会社によっては、救命講習《きゅうめいこうしゅう》を受け、応急手当資格《おうきゅうてあてしかく》を取得《しゅとく》したり、社内試験に合格《ごうかく》したりすることが必要な場合もあります。

高校
↓
大学 / 専門学校《せんもんがっこう》（体育系《たいいくけい》）
↓
ラフティングツアーの運営会社《うんえいがいしゃ》に就職《しゅうしょく》
↓
日本《にほん》ラフティング協会認定試験《きょうかいにんていしけん》に合格《ごうかく》

Q この仕事をするには どんな力が必要ですか？

お客さんのなかには、みんなでわいわいと盛《も》り上《あ》がりたい人もいれば、のんびりと楽しみたい人もいます。そのため、お客さんのようすをよく観察し、どうやったら楽しんでもらえるか考える力が必要だと思います。

また、ラフティングインストラクターの仕事には、地味な作業もたくさんあります。お客さんが遊んだ後の道具のかたづけをしたり、パソコンに向かって報告書《ほうこくしょ》を書いたりしていると思《おも》い描《えが》いていた仕事とちがうなと思うかもしれません。しかし、すべてふくめてラフティングインストラクターの仕事なのだと、前向きに考えられる力が必要です。そして、どんな仕事にもきちんと取り組める人が向いていると思います。

1日の最後は、必ずその日のツアー報告書《ほうこくしょ》を書いて会社に送る。

井口《いぐち》さんの夢《ゆめ》ルート

小学校 ▶ 保育士《ほいくし》

母親が保育士《ほいくし》だったのであこがれた。

▼

中学校・高校 ▶ 教師《きょうし》

熱心に指導《しどう》してくれるバスケットボール部の顧問《こもん》の先生が大好きで自分も教師《きょうし》になりたいと思った。

▼

大学 ▶ 体育教師《たいいくきょうし》

体育教師《たいいくきょうし》になると決め、教員免許《きょういんめんきょ》を取得《しゅとく》。しかし、教員になる前に、別の仕事も経験《けいけん》してみたいと考えていた。

Q 中学生のとき どんな子どもでしたか？

バスケットボール部に入り、練習にはげむ毎日でした。6歳《さい》からピアノ、小学4年生から英会話を習っていましたが、部活との両立が難《むずか》しく、興味《きょうみ》の対象《たいしょう》もバスケに移《うつ》ったので、どちらもやめてしまいました。

部活の顧問《こもん》の先生は、バスケも勉強もどちらもがんばりなさいという方針《ほうしん》でした。そのため、バスケ部には「学習ノート」という課題がありました。毎日必ず、ノート1ページ分の勉強をするという課題です。このおかげで、どんなに疲《つか》れていても机《つくえ》に向かう習慣《しゅうかん》ができました。

また、部活は中学3年生の夏休み前に引退《いんたい》だったのですが、塾《じゅく》に通っていない私に顧問《こもん》の先生が、「夏休み中も部活のある日は、学校で受験勉強をしていいよ」と言ってくれました。それで夏休みも学校に通い、わからないことがあると、その日学校に来ている担当教科《たんとうきょうか》の先生に質問《しつもん》したり、疲《つか》れると部活に顔を出したりしたのがよい思い出です。

バスケ部に所属《しょぞく》していた井口《いぐち》さん（真ん中）。中学2年生のときには市内大会で優勝《ゆうしょう》した。

毎日続けた「学習ノート」。疲《つか》れた日は、美術《びじゅつ》の勉強として、自分の手のスケッチを描《か》いて、のりきったことも。

Q 中学のときの職場体験《しょくばたいけん》は どこに行きましたか？

中学2年生のとき、高齢者施設《こうれいしゃしせつ》のケアセンターに行きました。教師《きょうし》になりたかったので、行き先の第1希望が小学校、第2希望が保育園《ほいくえん》で、ケアセンターは第3希望だったと思います。ケアセンターでは、お年寄《としよ》りと話をしたり、レクリエーションに参加したりしました。広いホールで、いっしょに座《すわ》って行うバレーボールをした記憶《きおく》があります。

Q 職場体験《しょくばたいけん》では どんな印象《いんしょう》をもちましたか？

職場体験《しょくばたいけん》に行く前は、ケアセンターは介護《かいご》を必要としている高齢者《こうれいしゃ》が行く場所だと思っていました。でも、行ってみるとみなさんとても元気で、生き生きと楽しそうにおしゃべりしている姿《すがた》におどろきました。また、職員《しょくいん》の方が「私たちの役目は、高齢者《こうれいしゃ》ができない部分のお手伝いをすること」と話していたのが印象《いんしょう》に残っています。

施設《しせつ》がある場所は、自宅《じたく》のすぐそばだったので、施設《しせつ》の職員《しょくいん》さんと散歩する姿《すがた》をときどき見ていた高齢者《こうれいしゃ》の方もいました。5日間ほど通ううちに、その方たちとも仲良くなることができ、とてもよい経験《けいけん》ができたなと思いました。

Q この仕事を目指すなら 今、何をすればいいですか？

泳げるようになることと、人に興味《きょうみ》をもつことです。とくにいろいろな人と話をしておくことは大切です。相手の話をよく聞き、さまざまな考え方にふれておくと、ラフティングインストラクターとして必要な、お客さんを楽しませるためのアイデアが増《ふ》えていくと思います。

また、自然にも慣《な》れ親《した》しんでおいてほしいです。そして、山や海、川、森などを大好きになってください。休みの日には外に出て、思いきり遊ぶことも必要だと思います。自然のなかで、自分なりの楽しみを見つけ、工夫して遊ぶ経験《けいけん》は、この仕事についてからも役に立つはずです。

ケアセンターでは、お年寄《としよ》りと話をしたり、ボードゲームをしたりした。職場体験《しょくばたいけん》で学んだことは「生きいき新聞」として、発表した。

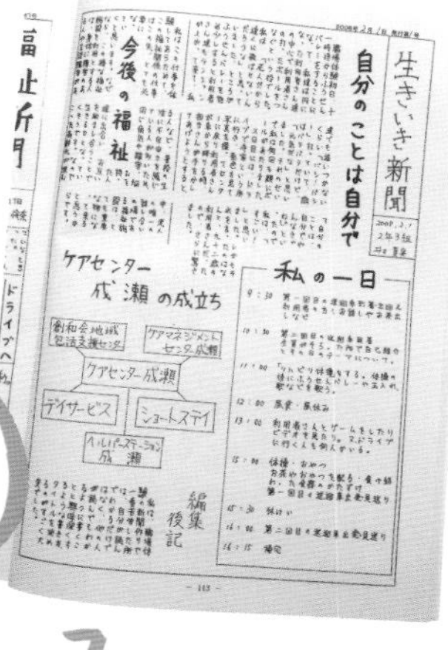

– 今できること –

ふだんの暮らし

ラフティングインストラクターは体力勝負の仕事です。毎日の睡眠時間《すいみんじかん》や食生活に気を配り、健康な体づくりを心がけましょう。水泳の授業《じゅぎょう》を通して、基本的《きほんてき》な泳法を身につけておくことも大切です。

また、近くにある川の観察をしてみましょう。晴れの日が続いたときと、雨が降《ふ》った後の水量のちがいや、流れる速さのちがいなどに注目するとよいでしょう。

そのほか、近くにラフティングの体験ができる場所があれば、ツアーに参加してみるのもおすすめです。

国語 お客さんにツアーを楽しんでもらうためには、会話が大切です。要点を的確《てきかく》に説明できるようにしましょう。

社会 日本はラフティングの世界大会が行われるほど、急流が多い国です。有名な川について調べ、その特徴《とくちょう》を学びましょう。また、世界の川とも、比較《ひかく》してみましょう。

理科 天気図や雨雲レーダーなどの見方を学び、気象《きしょう》の変化を予測《よそく》できるようになりましょう。また、川の生態系《せいたいけい》や周囲《しゅうい》の自然環境《しぜんかんきょう》にも関心をもつとよいでしょう。

体育 目的に適《てき》した筋力《きんりょく》をきたえ、基本的《きほんてき》な水泳の技術《ぎじゅつ》を身につけましょう。また、包帯法や止血法など保健《ほけん》の授《じゅ》業《ぎょう》で習う応急手当《おうきゅうてあて》の仕方もしっかりと学びましょう。

File No.179

下水道施設職員《げすいどうしせつしょくいん》

Sewage Systems Agency Staff

埼玉県下水道公社《さいたまけんげすいどうこうしゃ》

右田哲朗《みぎたてつろう》さん

入職《にゅうしょく》3年目 30歳《さい》

**よごれた水を再生《さいせい》し
人々の衛生的《えいせいてき》な暮《く》らしと
海や川のきれいな
自然を守ります**

家庭や工場などで使ってよごれた水は、下水道によって集められ、再《ふたた》びきれいな水にしてから、海や川へもどされます。埼玉県下水道公社《さいたまけんげすいどうこうしゃ》が運営《うんえい》をしている下水処理場《げすいしょりじょう》の荒川水循環《あらかわみずじゅんかん》センターで働く、右田哲朗《みぎたてつろう》さんにお話をうかがいました。

Q 下水道施設職員《げすいどうしせつしょくいん》とはどんな仕事ですか？

下水道とは、家庭や工場で使った水を流す汚水管《おすいかん》や、雨水を流す雨水管《うすいかん》、また、よごれた水をきれいにして海や川に流す処理施設全体《しょりしせつぜんたい》のことをいいます。下水道の役割《やくわり》は、住民の快適《かいてき》で衛生的《えいせいてき》な生活環境《せいかつかんきょう》を守るためによごれた水を処理《しょり》すること、海や川の水質《すいしつ》を保《たも》つこと、浸水《しんすい》から町を守るために雨水を速やかに海や川へ流すことの３つです。

家庭や工場で使ってよごれた水は、汚水管《おすいかん》を通って下水《げすい》処理場《しょりじょう》へ送られます。処理場《しょりじょう》に集められた汚水《おすい》は、まず沈《ちん》砂池《さち》で土砂《どしゃ》やごみを取《と》り除《のぞ》きます。次に最初沈殿池《さいしょちんでんち》で細かい泥《どろ》を取《と》り除《のぞ》きます。その後、反応《はんのう》タンクで、微生物《びせいぶつ》をふくんだ泥《どろ》とまぜます。すると水のよごれの原因《げんいん》となる物質《ぶっしつ》を微生物《びせいぶつ》が栄養として取りこみ、水がきれいになっていきます。この水を最終沈殿池《さいしゅうちんでんち》に送り、泥《どろ》が沈《しず》むのを待って、水と泥《どろ》を分離《ぶんり》させます。こうしてきれいになった水は、消毒《しょうどく》してから海や川に流します。微生物《びせいぶつ》をふくんだ泥《どろ》は反応《はんのう》タンクにもどされ、一部は、最初沈殿池《さいしょちんでんち》で出た泥《どろ》といっしょに、汚泥《おでい》処理施設《しょりしせつ》で焼却《しょうきゃく》します。ぼくの仕事は、この汚泥処理施設《おでいしょりしせつ》を動かすための電気設備《でんきせつび》を管理することです。

汚泥処理施設《おでいしょりしせつ》では、泥《どろ》にふくまれた水を「汚泥濃縮機《おでいのうしゅくき》」で取《と》り除《のぞ》いた後、さらに「汚泥脱水機《おでいだっすいき》」で水分を減《へ》らします。これを「汚泥焼却炉《おでいしょうきゃくろ》」で焼却《しょうきゃく》して灰《はい》にします。これらの機械は電気で動いているので、電気設備《でんきせつび》の点検《てんけん》は欠かせません。点検《てんけん》や修理《しゅうり》は専門業者《せんもんぎょうしゃ》の作業員にお願いし、ぼくはその監《かん》督《とく》をしています。台風や地震《じしん》のときは、停電《ていでん》が起き機械の故障《こしょう》などがでやすいため、泊《と》まりこみで監視《かんし》にあたることもあります。また、電気は人がさわると感電するおそれがあるので、作業員の安全を確保《かくほ》することも大切な仕事です。

そのほか、専門《せんもん》の業者に依頼《いらい》するにはお金がかかるため、予算の管理をするのもぼくの仕事のひとつです。

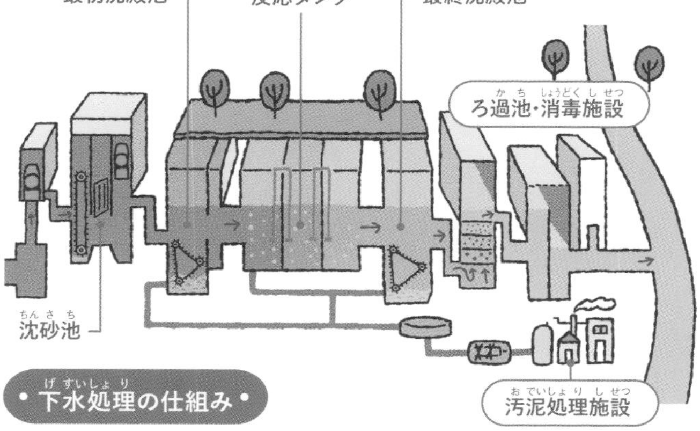

・下水処理《げすいしょり》の仕組み・

Q どんなところがやりがいなのですか？

よごれた水には、人にとって有害な物質《ぶっしつ》もふくまれているため、そのままだと感染症《かんせんしょう》などの病気を引き起こしかねません。ぼくたちが下水道を管理することで、衛生的《えいせいてき》な生活が守られているのだと思うと、やりがいと責任《せきにん》を感じます。

また、新しい知識《ちしき》を得《え》る機会が多いことも、やりがいです。例えば水をきれいにしている微生物《びせいぶつ》について学ぶことができたり、電気のあつかい方を学べたりと、いろいろなことが勉強になります。知識《ちしき》が増《ふ》えると、新しい世界が広がるようで、とても楽しいです。

下水処理《げすいしょり》を行う機械の電気設備《でんきせつび》が並《なら》ぶ部屋。正常《せいじょう》に動いているか確認《かくにん》する。

右田《みぎた》さんのある1日

08:30 出勤《しゅっきん》。メールのチェックをする
▼
08:40 朝礼。予定している作業の報告《ほうこく》
▼
09:00 不具合が報告《ほうこく》された電気設備《でんきせつび》の確認《かくにん》を行い、対応策《たいおうさく》を考える
▼
10:30 午後に行う定期点検《ていきてんけん》について専門業者《せんもんぎょうしゃ》の人と打ち合わせ
▼
12:00 ランチ
▼
13:00 電気設備《でんきせつび》の定期点検《ていきてんけん》。点検《てんけん》する設備《せつび》の電気を止めて行う。その間の汚泥処理《おでいしょり》作業《さぎょう》は、別の電気設備《でんきせつび》で対応《たいおう》するように調整
▼
16:00 不具合のあった設備《せつび》の修理《しゅうり》について依頼《いらい》するための資料《しりょう》を作成
▼
17:15 翌日《よくじつ》の予定を確認後《かくにんご》、退勤《たいきん》

Q 仕事をする上で、大事にしていることは何ですか？

人からの頼《たの》まれごとは「自分を成長させるきっかけ」ととらえ、積極的に対応《たいおう》しています。頼《たの》まれごとは、自分の意思や関心とは無関係に生じます。自分では考えもしなかったことをやることで新しい発見ができ、成長できるのではないかと思っています。

また、きちんと自分の意見をもち、まわりに説明できるようにしています。仕事をするなかで人と意見の食いちがいがあったとしても、しっかりと自分の考えを伝え、その上で相手の意見にも耳をかたむけるのです。安全を管理する立場なので、自分の考えなしに人の意見に流されるようなことは絶対《ぜったい》にしないと決めています。

設備《せつび》の不具合が起きたときなどは、さまざまな設備担当《せつびたんとう》者《しゃ》と意見を交換《こうかん》し、対応策《たいおうさく》を考える。

Q 今までにどんな仕事をしましたか？

電力関係の会社で働いていたときは、機械の管理をまかされていました。電気をつくる発電所には、たくさんの機械が設置《せっち》されています。それらの機械を監視《かんし》して、不具合が出たときは機器メーカーの技術員《ぎじゅついん》に点検《てんけん》を頼《たの》んだり、修理《しゅうり》や新しい機械を買うための予算を組んだりしていました。

なかでも自分の成長を感じることができた経験《けいけん》があります。あるとき、機械の故障《こしょう》で、技術員《ぎじゅついん》に調査《ちょうさ》してもらっても解決《かいけつ》できないことがありました。そこで、ぼくは機械の図面や運転記録、運転時の現場状況《げんばじょうきょう》などをもう一度調べ、自分でこの問題の原因《げんいん》を突《つ》き止《と》めたのです。専門的《せんもんてき》な知識《ちしき》が確《かく》実《じつ》に身についてきている実感と、管理者としての責任《せきにん》を果たすことができた達成感から、自信にもつながりました。

埼玉県下水道公社《さいたまけんげすいどうこうしゃ》に入ってからは、今の仕事を担当《たんとう》しています。電力関係の会社にいたとはいえ、電気設備《でんきせつび》そのものをあつかうのは初めてのことなので、今は上司や先輩《せんぱい》による指導《しどう》を受けながら経験《けいけん》を積んでいるところです。

電気設備《でんきせつび》の点検《てんけん》作業《さぎょう》に使う道具一式。電気を通さない長靴《ながぐつ》や手袋《てぶくろ》などもそろっている。

Q なぜこの仕事を目指したのですか？

高専《こうせん》※に通っていたとき、実家の近くで大雨による大規《だいき》模《ぼ》な土砂崩《どしゃくず》れが起きたことがありました。復旧作業《ふっきゅうさぎょう》のボランティアに参加したぼくは、ふだんの暮《く》らしを支《ささ》えるインフラ※の仕事に興味《きょうみ》をもつようになりました。

そこで卒業後は電力関係の会社に入社し、約7年間働きました。しかし、働くうちに、下水処理場《げすいしょりじょう》の仕事に興味《きょうみ》がわいていきました。電力や水道は、たとえ一時的に使えなくなったとしても、自家発電や井戸など、別の手段《しゅだん》で代用することができます。しかし、下水の処理《しょり》だけは、インフラのなかでも代わりの手段《しゅだん》がないのです。社会にとって非常《ひじょう》に必要な下水処理場《げすいしょりじょう》という仕事にひかれ、今働いている、埼玉県《さいたまけん》下水道公社《げすいどうこうしゃ》に転職《てんしょく》することを決めました。

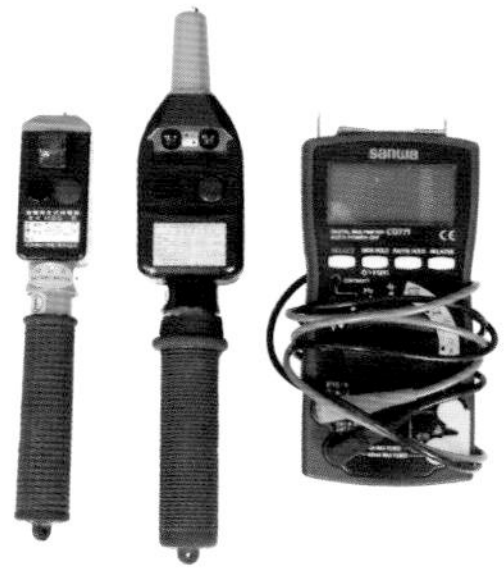

• 計測機器各種《けいそくききかくしゅ》 •

• ヘルメット •

PICKUP ITEM

電圧《でんあつ》や電流が適切《てきせつ》か測《はか》る計測機器《けいそくきき》は、用途《ようと》に合わせて、さまざまな種類を使用。電気設備《でんきせつび》の修理《しゅうり》を行うときは、電気が通っていないことをしっかり確《たし》かめてから、作業を行う。また機械が置いてある施設内《しせつない》では安全確保《あんぜんかくほ》のためヘルメットを必ず着用する。

用語 ※ 高専《こうせん》 ⇒高等専門学校《こうとうせんもんがっこう》のこと。技術者《ぎじゅつしゃ》の養成を目的とした、5年一貫教育《いっかんきょういく》の学校。

Q 仕事をする上で、難《むずか》しいと感じる部分はどこですか？

事故《じこ》が起きて下水処理施設《げすいしょりしせつ》が止まってしまうと、汚水《おすい》の処理《しょり》ができなくなり、人々の安全が守れなくなってしまいます。そのため、トラブルや事故《じこ》がないようにしなければいけないという責任《せきにん》がつねにのしかかってきます。このプレッシャーとのたたかいが難《むずか》しいと感じる部分です。

解決方法《かいけつほうほう》は、どんなときも油断《ゆだん》せずに業務《ぎょうむ》にあたること以外にありません。少しでも疑問《ぎもん》を感じたり、不安がある場合は、必ず上司や先輩《せんぱい》、また現場《げんば》の作業員や、関係者と意《い》見交換《けんこうかん》をするようにしています。

電気設備《でんきせつび》に不具合が起きたときは、状況《じょうきょう》を調べて資料《しりょう》にまとめ、修理《しゅうり》の依頼《いらい》をする。

Q ふだんの生活で気をつけていることはありますか？

水質汚染《すいしつおせん》に関わる話題や、雨を知らせる天気予報《てんきよほう》、電気に関するニュースを注意して観るようにしています。

電気のニュースというのは、電気による事故《じこ》などのことです。例えば、農家の方が畑を守るためにつくった電柵《でんさく》で感電したというような事故《じこ》が起きた場合、なぜその事故《じこ》が起きたのか自分なりに考え、ニュースの続報《ぞくほう》を観て対策《たいさく》を考えています。

そのほか、家庭でも職場《しょくば》でも、人の話をきちんと聞くようにしています。人と話をすると、知らなかった情報《じょうほう》や、自分では考えつかなかった発想を知ることができます。人の話を、自分の知識《ちしき》として吸収《きゅうしゅう》することが、成長への近道だと思うからです。

Q これからどんな仕事をしていきたいですか？

汚泥処理《おでいしょり》の電気設備《でんきせつび》を管理する者として、頼《たよ》れる存在《そんざい》になることです。知識《ちしき》と技術《ぎじゅつ》を身につけ、何があっても冷静に判断《はんだん》できるようになりたいです。

また、下水道施設《げすいどうしせつ》の管理には、多額《たがく》の電気料金がかかります。その支払《しはら》いに使われているのは、県民から集めた下水道使用料です。そのため、いかに電気料金を節約するか考えることも、ぼくたちの使命です。例えば下水道には、よごれた水を流す汚水管《おすいかん》と、雨水を流す雨水管《うすいかん》があります。これは、きれいにする必要のない雨水が汚水《おすい》に混《ま》ざって、余分《よぶん》な費用《ひよう》がかからないようにするためです。このような節約を、電気設備《でんきせつび》でも何かできないか考えていきたいです。

右田《みぎた》さんが働く下水処理場《げすいしょりしょう》「荒川水循環《あらかわみずじゅんかん》センター」にある人工の小川。下水処理《げすいしょり》後《ご》のきれいな水のなかで、メダカやコイが泳いでいる。

下水道施設《げすいどうしせつ》の職員《しょくいん》になるには……

下水処理場《げすいしょりじょう》では、下水道局につとめる公務員《こうむいん》か、各自治体から下水道の管理をまかされた企業《きぎょう》の職員《しょくいん》が働いています。公務員《こうむいん》を目指す場合は、各自治体が行っている公務員試験《こうむいんしけん》に合格《ごうかく》する必要があります。

また、下水道施設《げすいどうしせつ》を動かす、電気や機械の管理を行う技術者《ぎじゅつしゃ》を目指す場合、電気工学などを学んでいることが就職《しゅうしょく》の条件《じょうけん》になる場合が多いです。

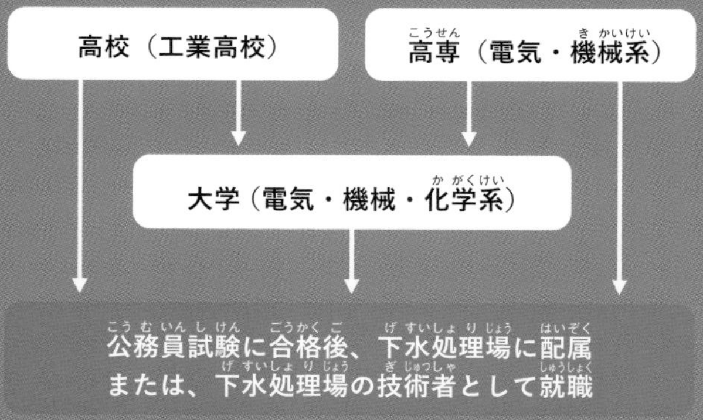

用語　※インフラ ⇒インフラストラクチャーの略《りゃく》。道路、鉄道、電気、上下水道など生活や経済《けいざい》の基盤《きばん》となる設備《せつび》や施設《しせつ》のこと。

Q この仕事をするには どんな力が必要ですか？

新しい知識《ちしき》を得《え》ることに前向きで、何に対しても「いつか役立つかもしれない」という意識《いしき》をもっている人が向いていると思います。

下水道施設職員《げすいどうしせつしょくいん》には、水についての知識《ちしき》だけでなく微生物《びせいぶつ》や機械、電気など、はば広い分野の知識《ちしき》が求められます。一見関係のないように思えることでも、頭のなかに蓄積《ちくせき》しておくことが大切です。また、どういった手順で問題解決《もんだいかいけつ》にあたったかという過程《かてい》について理解《りかい》し、次に活かそうとする姿勢《しせい》も必要だと思います。

「友だちの話や先生が授業中《じゅぎょうちゅう》にする雑談《ざつだん》も、情報《じょうほう》として聞いておくことが、知識《ちしき》を増《ふ》やすコツです」と、右田《みぎた》さん。

右田《みぎた》さんの夢《ゆめ》ルート

小学校 ▶ 宮大工《みやだいく》※

宮大工《みやだいく》の仕事を紹介《しょうかい》する
テレビ番組を観て、あこがれた。

▼

中学校 ▶ 弁護士《べんごし》

得意《とくい》な国語を活かして、
人の役に立ちたいと思った。

▼

高専《こうせん》 ▶ 公共性《こうきょうせい》の高い仕事

工学系《こうがくけい》の高専《こうせん》に進んだことで、弁護士《べんごし》は断念《だんねん》。
大雨で土砂崩《どしゃくず》れをおこした地元の
復旧《ふっきゅう》ボランティアへの参加を機に、
人々の生活を支《ささ》える仕事に興味《きょうみ》をもつように。

Q 中学生のとき どんな子どもでしたか？

ソフトテニス部に所属《しょぞく》し、体力をつけるため毎朝５時から山を走っていました。ぼくは、補欠《ほけつ》とレギュラーを行ったり来たりするような実力だったので、何とかレギュラーに定着したいと思ってがんばっていたんです。その成果もあってか、地域《ちいき》の小さい試合にはレギュラーとして出場していました。

部活の練習がない休みの日は、ゲームやつりを楽しんでいました。つりは、父と行くときもありましたし、友だちと行くこともありました。どっちが多くつれるか競《きそ》い合《あ》って遊んでいたのがよい思い出です。

勉強もがんばっていた方だと思います。授業《じゅぎょう》では、黒板の文字をそのままノートに写すのではなく、後で見たときに理解《りかい》しやすいように、まとめ方を工夫していました。これをやるようになってから、成績《せいせき》も上がったんですよ。家ではそのノートを見て授業《じゅぎょう》の内容《ないよう》を思い出し、復習《ふくしゅう》していました。

なかでも、国語の成績《せいせき》は飛《と》び抜《ぬ》けてよかったです。そのため、将来《しょうらい》は得意《とくい》な国語を活かして、人の役に立つ仕事がしたいと思い、弁護士《べんごし》になることを夢見《ゆめみ》ていました。しかし、ぼくの家族は、親戚《しんせき》もふくめて工業系《こうぎょうけい》の仕事に就《つ》いている人が多かったこともあり、理系《りけい》の学校をすすめられ、技術者《ぎじゅつしゃ》を目指せる高専《こうせん》への進学を決めました。もちろん、後悔《こうかい》はまったくありません。でも、もし家族にだれかひとりでも文系《ぶんけい》の職業《しょくぎょう》の人がいたら、人生が大きく変わっていたかもしれないですね。

じつは理系《りけい》の勉強は、それほど得意《とくい》ではなかったという右田《みぎた》さん。それでも、勉強するうちに少しずつ楽しくなっていったという。

中学生のころから使っているつり竿《ざお》。つりは、今でも趣味《しゅみ》のひとつとして楽しんでいる。

用語 ※宮大工《みやだいく》⇒神社、仏寺《ぶつじ》、宮殿《きゅうでん》などの建築《けんちく》や補修《ほしゅう》を専門《せんもん》に行う大工のこと。貴重《きちょう》な文化財《ぶんかざい》の工事にもたずさわるため、はば広い知識《ちしき》と高度な技術《ぎじゅつ》が必要とされる。

Q 中学のときの職場体験《しょくばたいけん》は どこに行きましたか？

ゲームが好きだったので、ゲームソフトを専門《せんもん》に販売《はんばい》しているお店に行きました。先生が出した候補《こうほ》のなかから選んだのですが、希望者が多くてじゃんけんで決めたのを覚えています。行ったのは中学３年生のときで、４人で２日間の体験でした。

当日は接客《せっきゃく》やレジの補助《ほじょ》、倉庫の整理やポスターのはりかえなどを行いました。後日、事後学習として、グループごとに模造紙《もぞうし》に体験内容《たいけんないよう》をまとめました。

Q 職場体験《しょくばたいけん》では どんな印象《いんしょう》をもちましたか？

いちばんおどろいたのは、見えないところでの仕事が多いことです。お客さんが商品を見るスペースの後ろに倉庫があり、そこにたくさんのゲームソフトや、ゲームの宣伝用《せんでんよう》ポスターなどが置いてありました。お客さんがいるときは接客《せっきゃく》に集中し、いないタイミングに倉庫を整理し、商品を表に並《なら》べたり、ポスターをはりかえたりしました。想像以上《そうぞういじょう》に体力が必要で、接客《せっきゃく》よりも大変でしたね。

店員の方からまじめに働く姿勢《しせい》をほめてもらい、どんな場所でも、見てくれている人が必ずいるんだと感じました。

Q この仕事を目指すなら 今、何をすればいいですか？

理科の勉強をとくにしっかりやっておくとよいと思います。水や空気の性質《せいしつ》、微生物《びせいぶつ》の働きなど、この仕事に必要な知《ち》識《しき》はすべて理科につまっているからです。

また「地域全体《ちいきぜんたい》を支《ささ》えたい」という熱意も大切です。地《ち》域社会《いきしゃかい》がどのように成り立っているかを学び、下水道の役《やく》割《わり》について理解《りかい》を深めておいてほしいです。

水質汚染《すいしつおせん》の問題や大雨が降《ふ》ったときの川の状態《じょうたい》を伝えるニュースなどを、気にかけて見るようにするとよいです。身近なできごとから派生《はせい》させ、地球環境問題《ちきゅうかんきょうもんだい》について関心をもっておくことが下水道施設職員《げすいどうしせつしょくいん》には必要だと思います。

ー今できることー

ふだんの暮《く》らし

下水道は、私たちの生活に欠かすことのできないインフラのひとつです。自分が住んでいる地域《ちいき》の下水道が、どの下水処理場《げすいしょりじょう》へつながっているのかを調べてみましょう。また下水処理場《げすいしょりじょう》では、見学を受け付けているところもあるので、行ってみるとよいでしょう。

下水道施設職員《げすいどうしせつしょくいん》の仕事は、地域《ちいき》を支《ささ》えたいという気持ちが大切です。地域《ちいき》のごみ拾い活動や、災害時《さいがいじ》のボランティア活動に参加して、だれかの役に立つという感覚を体感してみるとよいでしょう。

社会

下水道の役割《やくわり》を理解《りかい》し、下水処理場《げすいしょりじょう》と私たちの生活について考えましょう。また、過去《かこ》の事例から、水質《すいしつ》の悪化によって起こる環境問題《かんきょうもんだい》についても学びましょう。

数学

下水道の管理は、住民の負担《ふたん》で成り立っています。設《せつ》備《び》の運用にかかる費用《ひよう》の計算や予算の立て方を学び、無駄《むだ》のない使い方を考えられるようになりましょう。

理科

水や空気の分子構造《ぶんしこうぞう》、水溶液《すいようえき》の性質《せいしつ》など、水に関わる知識《ちしき》を中心に学びましょう。また、微生物《びせいぶつ》や細菌《さいきん》の働きなどの基礎知識《きそちしき》も身につけておくとよいでしょう。

技術

エネルギーの変換方法《へんかんほうほう》や電気機器の基本的《きほんてき》な仕組みを知り、安全にあつかう方法を学びましょう。

File No.180

温泉施工管理《おんせんせこうかんり》

Hot Spring Construction Management

エオネックス

倉本美智子《くらもとみちこ》さん

入社11年目 32歳《さい》

温泉《おんせん》を掘《ほ》るための
工事方法を考えて、
進み具合を管理します

温泉《おんせん》は、地熱によって温められた、地下深くからわき出る水です。この水をくみ上げるためには、「掘《くっ》削《さく》」という温泉《おんせん》を掘《ほ》る工事が必要です。工事の計画を立て、作業の進み具合の管理を行っている、倉本《くらもと》美智子《みちこ》さんにお話をうかがいました。

Q 温泉施工管理《おんせんせこうかんり》とはどんな仕事ですか？

お客さんから温泉《おんせん》を掘《ほ》ってほしいという依頼《いらい》を受けて地《ち》質調査《しつちょうさ》を行い、工事の計画を立てて掘《ほ》る仕事です。

まずはどこを掘《ほ》れば温泉《おんせん》が出るのか、またどのくらいの湯量が出そうなのか、地層《ちそう》や地域《ちいき》の環境《かんきょう》を調査《ちょうさ》して探《さぐ》ります。そして、ここを掘《ほ》れば十分な量の温泉《おんせん》が出るとわかると、工事の計画を立てます。

私の仕事は工事の計画書をつくるところから始まります。最初は、効率《こうりつ》よく掘《ほ》る方法やどのくらいの期間がかかりそうかといった内容《ないよう》を社内で話し合って決めていきます。

工事の方法は、現場《げんば》が住宅《じゅうたく》の多い場所にあるのか、山間部にあるのかでも変わります。例えば、住宅地《じゅうたくち》のなかで行うときは、工事の音で迷惑《めいわく》をかけないように、防音《ぼうおん》シートを余分《よぶん》に用意したり、通学の時間帯にトラックの出入りをしないように考えたりしなければいけません。このように周辺の環境《かんきょう》に適《てき》した工事の進め方を考えて「施工計画書《せこうけいかくしょ》」にまとめ、この施工計画書《せこうけいかくしょ》をお客さんと、実際《じっさい》の工事を担当《たんとう》する施工《せこう》会社《がいしゃ》に見せて説明します。両者がともに納得《なっとく》してくれたら、いよいよ工事のスタートです。

工事期間中は、作業が施工計画書《せこうけいかくしょ》通りに進んでいるか確《かく》認《にん》し、お客さんに進み具合を報告《ほうこく》するのがおもな仕事です。実際《じっさい》に掘《ほ》ってみると、思ったよりかたい地層《ちそう》だったり、水量が十分になかったりと、さまざまな問題が出てきます。そんなときは、作業員や、地質調査員《ちしつちょうさいん》と話し合い、お客さんとも連絡《れんらく》をとりながら対処方法《たいしょほうほう》を考えます。

このように、お客さんの要望を叶《かな》え、作業員の安全を守り、無事に期間内に完成させることが私の重要な役目です。

倉本《くらもと》さんが施工管理《せこうかんり》を担当《たんとう》する工事現場のようす。この機械を使って掘削《くっさく》を行う。

Q どんなところがやりがいなのですか？

自分がたずさわったものがかたちとして残り、私に工事の計画をまかせてくれたお客さんや、その先の温泉施設《おんせんしせつ》を使う利用者さんに喜《よろこ》んでもらえることにやりがいを感じます。

私たちの会社では、工事が終わった後も、別の部署《ぶしょ》の担《たん》当者《とうしゃ》が、温泉《おんせん》の保守《ほしゅ》や管理を行っているので、お客さんの反応《はんのう》を知ることができます。保守管理《ほしゅかんり》の担当者《たんとうしゃ》から「お客さんが喜《よろこ》んでいたよ」と聞くと、とてもうれしいです。

また、掘《ほ》った場所から、無事に温泉《おんせん》をくみ取ることができたときの安堵感《あんどかん》と喜《よろこ》びは、言葉では言い表せないものがありますね。

地域《ちいき》の環境《かんきょう》を踏《ふ》まえて、施工計画《せこうけいかく》書《しょ》を作成。図面もかいてわかりやすくまとめる。

倉本《くらもと》さんのある1日

08：30 出社。メールのチェックをする
▼
09：00 施工計画書《せこうけいかくしょ》の作成。文章で表せない部分は図面に起こす
▼
10：30 打ち合わせ。工事会社の担当者《たんとうしゃ》と作業工程《さぎょうこうてい》について確認《かくにん》する
▼
12：30 ランチ
▼
13：00 資料《しりょう》の作成。午前中の打ち合わせをもとに、必要なところを修正《しゅうせい》してまとめる
▼
16：00 工事中の作業現場《さぎょうげんば》に行き、進み具合を確認《かくにん》する
▼
17：30 退社《たいしゃ》

「自分が立てた予定通りに工事が進み温泉《おんせん》が出ると、ほっとします」

Q 仕事をする上で、大事にしていることは何ですか？

「言わないといけないことは言う」、「やらないとならないことはやる」、「感謝《かんしゃ》と謝罪《しゃざい》はすぐにする」。この３つを大事にしています。相手が喜《よろこ》ぶようなことを言っているだけでは、必ずどこかでつまずいてしまいます。もし危険《きけん》な工事が必要であれば、どんな危険《きけん》があるのかきちんと説明し、たとえ時間がかかったとしても安全なやり方を探《さが》し、対策《たいさく》を十分にとった上で進めるようにしています。

また、仕事は人間関係で成り立つと考えているので、信《しん》頼《らい》が得《え》られる行動をとることが大切です。感謝《かんしゃ》の心と、まちがいを認《みと》める素直《すなお》さは、信頼関係《しんらいかんけい》を築《きず》く上での基本《きほん》だと思うので、つねに心がけています。

スニーカー

ヘルメット

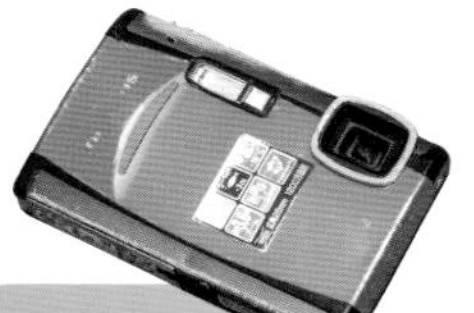

カメラ

PICKUP ITEM

工事現場《こうじげんば》は掘削用《くっさくよう》の大型機械《おおがたきかい》などもあり危険《きけん》なため、入るときは必ずヘルメットを着用する。また、土を掘《ほ》る作業で水分をふくんだ泥状《どろじょう》の地面がむき出しになっているため、靴《くつ》も工事現場用《こうじげんばよう》のスニーカーにはきかえる。カメラは、作業記録を残すために使っている。

Q なぜこの仕事を目指したのですか？

大学生のとき、専攻《せんこう》で都市工学を学んでいました。そのときの教授《きょうじゅ》がコンクリートの研究を行っていたため、都市工学のなかでも、道路の建設《けんせつ》や、橋、ダムづくりといった土《ど》木建設《ぼくけんせつ》に興味《きょうみ》をもちました。また、仲間と協力してものをつくることにも魅力《みりょく》を感じていたので、就職活動《しゅうしょくかつどう》では土木に関わる仕事で、仲間といっしょに作業を行うものを探《さが》しました。そのなかでエオネックスを知り、温泉《おんせん》の掘削《くっさく》に興味《きょうみ》をもち、入社を決めました。

Q 今までにどんな仕事をしましたか？

入社して３か月間は、これまでエオネックスが行ってきた工事の報告書《ほうこくしょ》を読んだり、現場《げんば》を見てまわったりして、仕事の全体像《ぜんたいぞう》を学びました。

その後、約２か月間は、現場作業員《げんばさぎょういん》として温泉《おんせん》を掘《ほ》る実《じつ》務作業《むさぎょう》を体験しました。作業道具や機械の名前から、使い方までわからないことだらけで、とまどったのを覚えています。体力的にもとにかく大変で、毎日必死でした。

実務体験《じつむたいけん》をした後は「管理者見習い」となりました。会社のなかで行う仕事が増《ふ》えたことで、「これなら、私の体力でもやっていけそう」と感じ、安心しましたね。

初めてひとつの現場《げんば》をまかされたのは入社８か月目のことです。先輩《せんぱい》に教わりながら何とかやりきることができ、管理者として少し自信がつきました。国家資格《こっかしかく》である「管工《かんこう》事施工管理技士《じせこうかんりぎし》」の２級をとってからは、それまでより大きな現場《げんば》もまかされるようになり、３年目からは全国各地の現場《げんば》を担当《たんとう》するようになりました。現場《げんば》ごとに、いつも新たな学びがあるため、とても充実《じゅうじつ》しています。

倉本さんが習得《しゅうとく》したさまざまな技能《ぎのう》の修了証《しゅうりょうしょう》と登録証《とうろくしょう》。「１級さく井技《いぎ》能士《のうし》（ロータリー式さく井工事作業）」という、温《おん》泉《せん》を掘《ほ》るための国家資《こっかし》格《かく》も入社後に取得《しゅとく》した。

Q 仕事をする上で、難《むずか》しいと感じる部分はどこですか？

お客さんの要望通りにつくろうとすると、工事を行う作業員に危険《きけん》がおよんだり、工事に時間がかかったりすることがあります。そのため話し合いで調整しながら、期間内に完成させなければならないのは、大きなプレッシャーです。話し合いをするときは、相手からはどんな質問《しつもん》が飛んできそうか、それに対してどう答えたら理解《りかい》してもらえるかなど、いろいろな場面を考えてから臨《のぞ》んでいます。

また、悩《なや》んだときは、ヒントをくれそうな人に相談したり、手伝いをお願いしたりすることも大切だと思います。

仕事をしていると壁《かべ》にぶつかることはたくさんあります。でも「命をとられることはない」、「終わらない仕事はない」と自分に言い聞かせてのりこえています。

Q ふだんの生活で気をつけていることはありますか？

自分と他人では考え方がちがっていて当然であることを忘《わす》れないようにしています。そうすると、意見が合わなくてもイライラしたり、落ちこんだりしなくなります。また、他人の意見に耳をかたむけられると、感謝《かんしゃ》の気持ちや、まちがいを認《みと》める素直《すなお》な心が自然と出てきます。

そのほか、体調管理にも気をつけています。体調が悪いと仕事の進みに影響《えいきょう》が出るだけでなく、まわりに心配をかけてしまうからです。睡眠《すいみん》をよくとり、いつも万全な体調で仕事に臨《のぞ》めるように心がけています。

担当《たんとう》する現場《げんば》の工事計画について、会議で発表する倉本《くらもと》さん。

Q これからどんな仕事をしていきたいですか？

この人にまかせれば、よい結果になると思われるような仕事をしていきたいです。

よい結果というのは、お客さんに満足してもらえる仕事ということです。温泉《おんせん》が十分にわき出たとしても、お客さんが私とのやりとりに不満があれば、満足度は低いと思います。もし作業が行《い》き詰《づ》まったとしても、この人にまかせれば、最大限《さいだいげん》のよい結果になると思ってもらえれるように、誠実《せいじつ》に取り組んでいきたいです。そして、お客さんにも、工事を行う作業員にも、私と温泉《おんせん》をつくりたいと思ってもらえるような管理者になりたいです。

安全に作業を進めるために、過去《かこ》の工事記録を見返して参考にすることもある。

温泉施工管理者《おんせんせこうかんりしゃ》になるには……

温泉施工管理者《おんせんせこうかんりしゃ》の多くは「管工事施工管理技士《かんこうじせこうかんりぎし》」という国家資格《こっかしかく》をもっています。資格《しかく》がないと、50人以上が働く現場《げんば》を管理することはできません。そのため高専《こうせん》や大学で機械工学などを学んだ後に、実務経験《じつむけいけん》を積める会社に就職《しゅうしょく》し、2級の受験資格《じゅけんしかく》を得《え》るのが一般的《いっぱんてき》です。また「さく井技能士《いぎのうし》」という井戸を掘《ほ》る専門技術《せんもんぎじゅつ》の国家《こっか》資格《しかく》もあると、技術者《ぎじゅつしゃ》としての証明《しょうめい》になります。

大学（工学系《こうがくけい》）　／　高専《こうせん》（工学系《こうがくけい》）

↓

温泉《おんせん》の施工《せこう》を行う会社に就職《しゅうしょく》し、実務経験《じつむけいけん》を積む

↓

「2級管工事施工管理技士《きゅうかんこうじせこうかんりぎし》」の資格《しかく》を取得《しゅとく》

↓

温泉施工管理者《おんせんせこうかんりしゃ》

Q この仕事をするには どんな力が必要ですか？

「想像力《そうぞうりょく》」、「メモ力」、「対話力」が必要だと思います。「想像力《そうぞうりょく》」とは、相手の立場で物事を考え想像《そうぞう》する力です。お客さんが何を求めて温泉《おんせん》づくりを頼《たの》んできたのか理解《りかい》しなければ要望通りのものはできません。「メモ力」は、話し合いが多くなると、「言った、言わない」の行きちがいが出てくるので、これをさけるために必要な力です。重要だと感じたことはすぐにメモにとって残すようにしています。メモが必要な内容《ないよう》か見極めるのも「メモ力」のひとつだと思っています。「対話力」は、人の気持ちをくみ取って話をする力です。いっしょに働く作業員や、依頼主《いらいぬし》のお客さんとの信頼関係《しんらいかんけい》を築《きず》くためには欠かせません。

ほかには、仕事をスムーズに進めるために、準備《じゅんび》や予測《よそく》をすることが苦でない人に、向いていると思います。

倉本さんの夢《ゆめ》ルート

小学校 ▶ アイスクリーム屋さん

アイスクリームが好きだった。

▼

中学校 ▶ インテリアコーディネーター

家具店のチラシを見るのが好きで
自分でも理想の部屋を絵に描《か》いていた。

▼

高校 ▶ 建築家《けんちくか》

ものづくりの仕事に興味《きょうみ》がわき、
好きなインテリアにも関係する
建築家《けんちくか》の仕事が気になった。

▼

大学 ▶ ものづくり

まちづくりを勉強するため、都市工学を専攻《せんこう》し、
コンクリートの研究をするうちに
土木建設《どぼくけんせつ》によるものづくりに興味《きょうみ》をもった。

Q 中学生のとき、 どんな子どもでしたか？

小学校はひとクラス30人の２クラスだけだったのが、中学生になると約40人の６クラスになり、同級生が増《ふ》えて自分の世界も広がりました。それまでは母のすすめる洋服を着ていたのが、友だちに影響《えいきょう》されて「これを着たい」と主張《しゅちょう》するようになったのもこのころからです。

また当時、先輩《せんぱい》と後輩《こうはい》の間にあるルールにめんどうくささを感じることもありました。例えば、学校指定のかばんは、１年生はリュック、２年生からは肩《かた》がけのかばんにしてもよいという暗黙《あんもく》のルールがあったのです。それを気にせず１年生で肩《かた》がけかばんを使っていたら、上級生から呼《よ》び出《だ》されることがあり、どうしてこんなルールがあるんだろうと、不満に思っていました。そんなこともあって「中学生活って、ちょっとめんどうだな」などと考えていましたね。

また、人間関係に悩《なや》んだり、部活のバレーボールをけがで半年間休まなければいけなかったりと、つらいことがあった一方で、仲のよい友だちと遊んだり、手紙やプリクラ写真の交換《こうかん》をしあったりなど楽しい思い出もあります。今考えると、良いことと悪いことが、半分ずつある中学生時代だったなと思いますね。

中学２年生の冬から塾《じゅく》にも通い、勉強もがんばっていたという倉本《くらもと》さん。とくに英語が得《とく》意《い》で、成績《せいせき》もよかった。

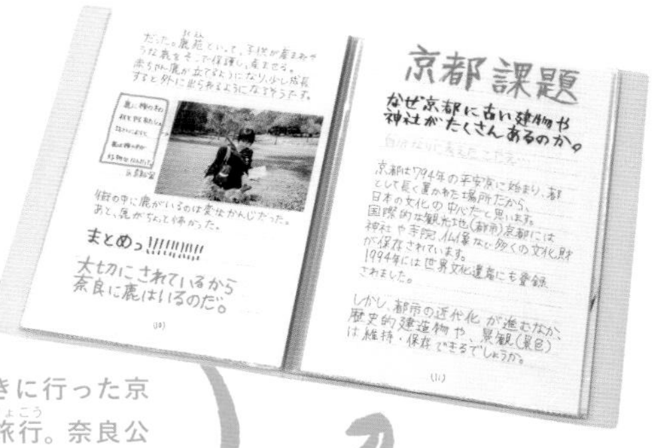

中学３年生のときに行った京都・奈良の修学旅行《しゅうかくりょこう》。奈良公園にいる鹿のことや、京都にある寺や神社について現地《げんち》で学んだことを、ノートにまとめた。

Q 中学のときの職場体験《しょくばたいけん》は どこに行きましたか？

3日間、美容院《びよういん》へ行きました。仕事内容《しごとないよう》は、店内の清掃《せいそう》やお客さんへのお茶出し、使ったタオルなどの洗濯物《せんたくもの》を干《ほ》すお手伝いといったものでした。

美容院《びよういん》を希望していたわけではなかったのですが、ほかの職場《しょくば》よりも楽しそうなイメージがあり、決まったときは「アタリだ！」と思ったように記憶《きおく》しています。

Q 職場体験《しょくばたいけん》では どんな印象《いんしょう》をもちましたか？

美容院《びよういん》は、髪《かみ》を切るところだと思っていましたが、掃除《そうじ》や洗濯《せんたく》など、髪《かみ》を切る以外の仕事の方が多いんだなと思いました。また、店内のようすから、美容院《びよういん》はお客さんにくつろいでもらう場所なのだと感じました。すみずみまできれいに掃除《そうじ》をしている美容師《びようし》さんを見て、働くことは大変なことなんだと思った覚えもあります。

当時の私は人見知りだったので、美容師《びようし》さんと何を話せばよいのかわからず、同じ空間にいると思うだけで居心地《いごこち》が悪くて仕方ありませんでした。人見知りは高校生になっても続きましたが、大学生になって洋菓子店《ようがしてん》でアルバイトをするようになったら自然と平気になりました。

Q この仕事を目指すなら 今、何をすればいいですか？

現場《げんば》で学ぶ知識《ちしき》の方が明らかに多いので、これをやっておくべきというものはありません。

ただ、中学校の勉強はまんべんなく理解《りかい》しておくのがよいと思います。掘削作業《くっさくさぎょう》にはカタカナの機械が多いので英語で意味がわかると便利ですし、施工計画書《せこうけいかくしょ》をまとめるには、空間や図形の計算が必要です。また、温泉《おんせん》が出る地域《ちいき》の特《とく》徴《ちょう》を知るには地理の知識《ちしき》が、お客さんとの会話やビジネスメールの書き方には国語力が問われます。

意味がないと思う勉強も将来《しょうらい》どこかで役に立つので、後《こう》悔《かい》しないようにがんばってほしいです。

ー 今できること ー

ふだんの暮《く》らし

温泉施工管理者《おんせんせこうかんりしゃ》には、物事を計画して進める実行力と、工事現場《こうじげんば》をまとめるリーダーシップが求められます。そのため学校では、生徒会役員や、運動会や文化祭の実行委員などの経験《けいけん》が役に立ちます。全校生徒からの意見や要求をきちんと聞き、公正に判断《はんだん》したことを伝えた上で実行に移《うつ》す力を身につけましょう。

また、近くに温泉《おんせん》がないか探《さが》して、行ってみるのもおすすめです。温泉《おんせん》の水質《すいしつ》や湯量などを示《しめ》す「温泉分析《おんせんぶんせき》書《しょ》」が提示《ていじ》されているので、見てみるとよいでしょう。

国語 相手の意図を考えながら聞く力を育て、自分の考えをまとめる力をつけましょう。また、話し合いを通して、課題の解決策《かいけつさく》を見つけられるようになりましょう。

社会 温泉《おんせん》が多い都道府県や町を調べ、その地域《ちいき》の地形や気候など、自然環境《しぜんかんきょう》に関する特色について学びましょう。

数学 お客さんや作業員に工事の方法を説明するために、設《せっ》計《けい》図《ず》などの資料《しりょう》を作成しなければなりません。図形の計算や作図方法の基礎《きそ》をしっかり学びましょう。

理科 温泉《おんせん》についての理解《りかい》を深めるためには、火山の成り立ちや自然分野の知識《ちしき》が必要です。自然がもたらすめぐみや、自然と人間の関わり方についても学びましょう。

仕事のつながりがわかる

水の仕事 関連マップ

ここまで紹介《しょうかい》した水の仕事が、
それぞれどう関連しているのか、見てみましょう。

連携《れんけい》

P.28

下水道施設職員《げすいどうしせつしょくいん》

大規模《だいきぼ》な施設《しせつ》で家庭や商業施設《しょうぎょうしせつ》などからの汚水《おすい》を処理《しょり》し、海や川の水質《すいしつ》を保《たも》つ。温泉水《おんせんすい》には水道水とはちがう成分がふくまれているため、そのまま流さず下水道施設《げすいどうしせつ》で処理《しょり》することもある。

依《い》頼《らい》

受《じゅ》託《たく》

許《きょ》可《か》

申《しん》請《せい》

浴室商品メーカー

P.16

浴室商品開発

個人《こじん》の家や旅館・ホテル、温泉施設《おんせんしせつ》の浴室に使用する浴槽《よくそう》、シャワー、壁《かべ》、床《ゆか》などのパーツを開発する。デザイナーが浴室全体のイメージを考えた後で、各パーツを設計《せっけい》していく。

連携《れんけい》

デザイナー

機能性《きのうせい》とデザイン性《せい》を兼《か》ね備《そな》えた浴室や、温泉施設《おんせんしせつ》の設計《せっけい》をする。イメージが固まったら、内装《ないそう》を浴室商品開発に伝える。

P.34

温泉施工管理《おんせんせこうかんり》

お客さんからの依頼《いらい》を受けて地質調査《ちしつちょうさ》をし、作業員と協力しながら工事を進める。温泉《おんせん》を掘《ほ》るには、役所に届出《とどけで》をする必要がある。開業後の設備《せつび》の点検《てんけん》・メンテナンスなども行う。

調査依頼《ちょうさいらい》

温泉成分《おんせんせいぶん》を分析《ぶんせき》

依頼《いらい》

受注

温泉施設《おんせんしせつ》

温泉施設《おんせんしせつ》の計画を立案し、温泉《おんせん》の掘削《くっさく》を温泉施工管理会社《おんせんせこうかんりがいしゃ》に依頼《いらい》。浴室商品を手がけるメーカーに設備《せつび》を依頼《いらい》する。開業前には各種届出《とどけで》が必要になる。

受注

依頼《いらい》

許可《きょか》

申請《しんせい》

保健所《ほけんじょ》

温泉《おんせん》の利用に必要な申請《しんせい》を受け付ける。許可《きょか》を出すにあたり水質《すいしつ》の検査《けんさ》を行うこともある。また、住民からの健康相談を受け付け、感染症《かんせんしょう》や食中毒《しょくちゅうどく》などの発生時には迅速《じんそく》に対応《たいおう》する。

※このページの内容《ないよう》は一例です。会社によって、仕事の分担《ぶんたん》や、役職名《やくしょくめい》は大きく異《こと》なります。

役所

住民が安全で快適《かいてき》な生活を送れるよう、インフラと呼《よ》ばれる水道、電力、交通などの整備《せいび》を行う。さまざまな部署《ぶしょ》が連携《れんけい》を取り合っている。

衛生環境課《えいせいかんきょうか》

温泉《おんせん》の掘削《くっさく》に必要な許可《きょか》や届出《とどけで》を受け付けている。河川《かせん》の水質管理《すいしつかんり》のため、ラフティングツアーを行う会社と河川《かせん》の情報《じょうほう》を共有することもある。

情報共有《じょうほうきょうゆう》

連携《れんけい》

連携《れんけい》

上下水道部

各都道府県の予算に応《おう》じて、上下水道の計画や建設《けんせつ》、管理に関する業務《ぎょうむ》を行っている。市民から水質《すいしつ》に関する疑問《ぎもん》や苦情《くじょう》を受け付けた場合、すぐに調査《ちょうさ》して結果を報告《ほうこく》する。

連携《れんけい》

観光課

観光客に対して地元の名所、景勝、特産品、アウトドアスポーツなどを紹介《しょうかい》することで、地域《ちいき》の魅力《みりょく》を高める。事業者とも協力し、何度も訪《おとず》れたくなる観光地づくりを目指している。

P.22

ラフティングインストラクター

ラフティングに関する専門《せんもん》の知識《ちしき》と技術《ぎじゅつ》をもち、お客さんの安全を確保《かくほ》しながらいっしょに急流を下るツアーを開催《かいさい》する。市や町などの地方自治体と協力し、観光産業として地域《ちいき》を盛《も》り上《あ》げる役割《やくわり》もある。

提案《ていあん》

観光振興《かんこうしんこう》の相談

指示《しじ》

報告《ほうこく》

観光振興《かんこうしんこう》の相談

商品を宣伝《せんでん》

P.10

水質検査員《すいしつけんさいん》

機械や薬品を使っていやなにおいや細菌《さいきん》を除去《じょきょ》し、安全でおいしい水道水になるよう調整する。また、水道水、飲料水、プールの水、ビルや工場の排水《はいすい》にふくまれている成分なども測定《そくてい》する。

依頼《いらい》

報告《ほうこく》

飲料水メーカー

P.4

天然水商品開発

ミネラル豊富《ほうふ》な地下水を、きれいにろ過《か》して加熱殺菌《かねつさっきん》した天然水を使い、消費者《しょうひしゃ》が求める商品を開発する。おいしさだけでなく水質《すいしつ》にもこだわり、安全な天然水を開発している。

これからのキャリア教育に必要な視点《してん》 31

水を守ることは、命を守ること

▶ 日本は水にめぐまれている国

日本は、水資源《すいしげん》が豊富《ほうふ》な国であるといわれています。多雨地帯に位置する日本の年間降水量《ねんかんこうすいりょう》は世界平均《せかいへいきん》の約２倍に相当しますが、雨が降《ふ》るのは梅雨期《ばいうき》と台風期に集中しています。これを豊《ゆた》かな森林やダムにより貯水《ちょすい》することで、一年を通して安定して水が利用できるのです。また、全国的に水道の設備《せつび》が進んでいて、一般的《いっぱんてき》な住宅《じゅうたく》の上水道普及率《じょうすいどうふきゅうりつ》は、ほぼ100％。そのため、蛇口《じゃぐち》をひねるといつでも安全でおいしい水が出てくるのです。

日本に住んでいると想像《そうぞう》しづらいことですが、水道水がそのまま飲める国は世界でも多くありません。国連がかかげるSDGs《エスディージーズ》（持続可能《じぞくかのう》な開発目標）には「すべての人に水と衛生《えいせい》へのアクセスと持続可能《じぞくかのう》な管理を確保《かくほ》する」と明記され、開発途上国《かいはつとじょうこく》では、多くのNGO《エヌジーオー》（非政府組織《ひせいふそしき》）やNPO《エヌピーオー》（非営利団体《ひえいりだんたい》）が水の危機《きき》を解消《かいしょう》すべく活動しています。

2019年12月にアフガニスタンで亡《な》くなった中村哲《なかむらてつ》さんは、長年、現地《げんち》で支援活動《しえんかつどう》を行ってきた医師《いし》でした。1984年からパキスタンとアフガニスタンの両国で無償医療援助《むしょういりょうえんじょ》を開始するも、2000年の大干《だいかん》ばつにより、医療《いりょう》だけでは救《すく》うことができない多くの命を目《ま》の当《あ》たりにします。そこで、水を確保《かくほ》するために1600本以上の井戸を掘《ほ》り、2003年には全長約25kmにもおよぶ灌漑用水路《かんがいようすいろ》の建設《けんせつ》に着手しました。

中村さんが代表をつとめた国際《こくさい》NGO《エヌジーオー》では彼《かれ》の意思を引《ひ》き継《つ》ぎ、今後も事業が続けられていきます。

▶ 水道民営化《すいどうみんえいか》への課題

じつは日本の水事業にも、大きな課題があります。水道管の多くは1960～70年代の高度経済成長期《こうどけいざいせいちょうき》に整備《せいび》されたもので、老朽化《ろうきゅうか》が指摘《してき》されています。しかし、全国の古くなった水道管を新しくするためには、莫大《ばくだい》な費用《ひよう》がかかります。また、人口減少《じんこうげんしょう》や高齢化《こうれいか》、節水機器の普及《ふきゅう》などにより、とくに地方では水道事業の収益《しゅうえき》は悪化傾向《あっかけいこう》にあります。

世界の水道水の現状《げんじょう》

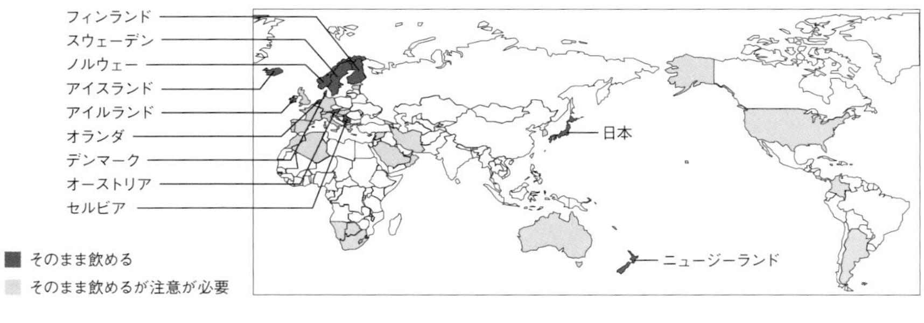

日本以外で水道の水がそのまま飲める国はアイスランド、アイルランド、オーストリア、オランダ、スウェーデン、セルビア、デンマーク、ニュージーランド、ノルウェー、フィンランド。「そのまま飲めるが注意が必要な国」と合わせても、安全といえる国は数少ない。

出典：『令和《れいわ》２年版《ねんばん》 日本の水資源《すいしげん》の現況《げんきょう》』国土交通省

写真提供：ペシャワール会

2010年に完成したマルワリード用水路と中村医師《なかむらいし》。用水路は砂漠化《さばくか》したアフガニスタンの大地に緑をよみがえらせ、農業や酪農《らくのう》の再開《さいかい》をうながした。水の供給《きょうきゅう》が農民65万人の暮《く》らしを支《ささ》え、今も人々に希望をあたえ続けている。

ガスや電気とちがい、上下水道のほとんどは自治体が運営《うんえい》していますが、これを機に民間企業《みんかんきぎょう》に運営《うんえい》をまかせるという考え方もあります。しかし、インフラのなかでも水道は命に直結する事業のため、そう簡単《かんたん》ではありません。

ボリビアでは、水道事業の民営化《みんえいか》をめぐって1999年から2000年にかけて「コチャバンバ水紛争《みずふんそう》」という市民の反対運動が起きました。民間企業《みんかんきぎょう》による水道料金の大幅《おおはば》な値上《ねあ》げに対して市民が暴動《ぼうどう》を起こし、ついには死傷者《ししょうしゃ》が出る事態《じたい》へと発展《はってん》したのです。結局、市が民営化《みんえいか》を撤回《てっかい》したことで事態《じたい》は収束《しゅうそく》。このように、インフラの民間化《みんえいか》は、いまや世界共通の問題なのです。

命を守る水の仕事

この本に出てくる東京都水道局《とうきょうとすいどうきょく》の水質検査員《すいしつけんさいん》は安心して飲むことができる日本の水道水について「それぞれの分野で高度な専門知識《せんもんちしき》をもった人が設備《せつび》や機械をきちんと管理するからこそ、つくることができるのです」と言っています。

このように日本の水道は、水道事業に関わる人たちの努力もあり、安い料金と高い水質《すいしつ》が維持《いじ》されてきました。しかし、最近では新しい技術《ぎじゅつ》で課題をクリアしようとしている人たちもいます。

日本人が経営《けいえい》するアメリカのFracta《フラクタ》社は、人工知能《じんこうちのう》（AI《エーアイ》）を駆使《くし》し、水道管の破損確率《はそんかくりつ》を高い精度《せいど》で解析《かいせき》するサービスを世界で初めて開始しました。このサービスでは、水道管の素材《そざい》や使用年数などの情報《じょうほう》と、土壌《どじょう》や気候、人口などの環境《かんきょう》データを組み合わせ、地面を掘《ほ》り起《お》こさずに水道管がどの程度《ていど》痛《いた》んでいるのかがわかります。

多くの仕事が生まれ、最先端《さいせんたん》の技術《ぎじゅつ》が集まってくるのは、守るべきものがそこにあるからでしょう。水を守ることは、命を守ることにほかならないのです。そして、おいしい水が飲める暮《く》らしを守るために、多くの人が活動していることを意識《いしき》することが重要なのです。

PROFILE《プロフィール》

玉置《たまおき》 崇《たかし》

岐阜聖徳学園大学教育学部教授《ぎふしょうとくがくえんだいがくきょういくがくぶきょうじゅ》。
愛知県小牧市《あいちけんこまきし》の小学校を皮切りに、愛知教育大学附属名古屋中学校《あいちきょういくだいがくふぞくなごやちゅうがっこう》や小牧市立小牧中学校管理職《こまきしりつこまきちゅうがっこうかんりしょく》、愛知県教育委員会海部教育事務所所長《あいちけんきょういくいいんかいあまきょういくじむしょしょちょう》、小牧中学校校長《こまきちゅうがっこうこうちょう》などを経《へ》て、2015年4月から現職《げんしょく》。数学の授業名人《じゅぎょうめいじん》として知られる一方、ICT《アイシーティー》活用の分野でも手《しゅ》腕《わん》を発揮《はっき》し、小牧市《こまきし》の情報環境《じょうほうかんきょう》を整備《せいび》するとともに、教育システムの開発にも関わる。
文部科学省「校務《こうむ》におけるICT《アイシーティー》活用促進事業《かつようそくしんじぎょう》」事業検討委員会座長《じぎょうけんとういいんかいざちょう》をつとめる。

さくいん

あ

か

さ

た

な

は

ま

や

ら

【取材協力】

サントリー食品インターナショナル株式会社
https://www.suntory.co.jp/water/tennensui/
東京都水道局　https://www.waterworks.metro.tokyo.lg.jp/
TOTO株式会社　https://jp.toto.com/
株式会社ビックスマイル　https://www.gekiryu.com/
公益財団法人埼玉県下水道公社　https://www.saitama-swg.or.jp/
株式会社エオネックス　https://www.chika.co.jp/

【写真協力】

サントリー食品インターナショナル株式会社　p5
東京都水道局　p11、p12
株式会社ビックスマイル　p23
株式会社エオネックス　p35

【解説】

玉置 崇（岐阜聖徳学園大学教育学部教授）　p42-43

【装丁・本文デザイン】

アートディレクション／尾原史和（BOOTLEG）
デザイン／加藤 玲・石井恵里菜（BOOTLEG）

【撮影】

土屋貴章（オフィス303）　p4-9
平井伸造　p10-39

【執筆】

小川こころ　p4-9、p16-21
酒井理恵　p10-15、p22-33、p42-43

【イラスト】

フジサワミカ　p29

【企画・編集】

西塔香絵・渡部のり子（小峰書店）
常松心平・和田全代・熊田和花（オフィス303）

キャリア教育に活きる！

仕事ファイル31

水の仕事

2021年4月3日　第1刷発行
2023年4月20日　第2刷発行

編　著　小峰書店編集部
発行者　小峰広一郎
発行所　株式会社小峰書店
〒162-0066東京都新宿区市谷台町4-15
TEL 03-3357-3521　FAX 03-3357-1027
https://www.komineshoten.co.jp/
印　刷　株式会社精興社
製　本　株式会社松岳社

NDC 366 44p 29×23cm
ISBN978-4-338-34104-2

センパイに聞く

キャリア教育に活きる!

仕事ファイル

第1期 全7巻

① ITの仕事
システムエンジニア、プログラマー
CGアニメーター、プランナー、WEBデザイナー
サウンドクリエーター

② メディアの仕事
映像クリエーター、YouTubeクリエーター、アナウンサー
広告ディレクター、編集者、グラフィックデザイナー

③ ファッションの仕事
ファッションデザイナー
ファッションイベントプロデューサー
カメラマン、ヘア&メイクアップアーティスト
プレス、スタイリスト

④ ショップの仕事
雑貨店店長、アパレルショップ店長
百貨店バイヤー、オンラインモール運営
園芸店店長、書店員

⑤ フードの仕事
レシピサービス運営、調理師、菓子開発者
パティシエ、フードコーディネーター、農家

⑥ インターナショナルな仕事
映像翻訳家、留学カウンセラー、商社パーソン
旅行会社営業、日本ユネスコ協会連盟職員、JICA職員

⑦ 新しいキャリア教育ガイドブック

第2期 全6巻

⑧ サイエンスの仕事
気象予報士、データサイエンティスト
JAXA研究者、JAMSTEC研究者、ロボット開発者
科学コミュニケーター

⑨ 学校の仕事
中学校教諭、特別支援学校教諭、保育士
司書教諭、スクールカウンセラー、文房具開発者

⑩ 住まいの仕事
デベロッパー、建築家、大工、家具職人
プロダクトデザイナー、生活雑貨バイヤー

⑪ 動物の仕事
水族園調査係、WWFジャパン職員、盲導犬訓練士
獣医師、動物保護団体職員、動物園飼育係

⑫ メディカルの仕事
歯科医、フライトドクター、心臓血管外科医
オペナース、医薬品研究者、再生医療研究者

⑬ 伝統文化の仕事
着物デザイナー、江戸切子職人、花火ディレクター
あめ細工師、こけし工人、日本酒蔵人

第3期 全7巻

⑭ マネーの仕事
銀行員、証券会社システム開発、造幣局職員
電子マネー企画、公認会計士
ファイナンシャルプランナー

⑮ スポーツの仕事
スポーツアナウンサー、スポーツマーケター
プロ野球球団職員、スポーツトレーナー
スポーツ用品メーカー営業、eスポーツプレーヤー

⑯ 旅行の仕事
客室乗務員、エコツアーガイド
観光タクシードライバー、日本政府観光局職員
ホテリエ、旅行サイト制作

⑰ 海の仕事
海上保安官、漁師、スクーバダイビングインストラクター
航海士、造船技師、水産食品研究者

⑱ 山の仕事
林業作業士、アウトドアメーカー広報
自然保護官、山岳ガイド、山岳救助隊員、火山研究者

⑲ 福祉の仕事
手話通訳士、点字フォント発明家、介護福祉士
理学療法士、義肢装具士、ケースワーカー

⑳ 美容の仕事
美容師、エステティシャン、ネイルアーティスト
ビューティーアドバイザー、化粧品研究者、美容皮膚科医

第4期 全7巻

㉑ エコの仕事
再生可能エネルギー電力会社広報、フードバンク職員
エシカル商品の企画、国立環境研究所研究員
リサイクル商品ブランディング、フェアトレードコーディネーター

㉒ 鉄道の仕事
鉄道運転士、鉄道運輸指令員、鉄道車両製造
駅弁開発、乗り換え案内サービスシステム開発、鉄道カメラマン